Automagic

Edgar Hofer & Patrick Aigner

Automagic

Aus dem Hinterzimmer des Advaita

Bibliografische Information der Deutschen National-bibliothek:
Die Deutsche Nationalbibliothek verzeichnet diese Publikation in der Deutschen Nationalbibliografie; detaillierte bibliografische Daten sind im Internet über http://dnb.dnb.de abrufbar.

Cover-Gestaltung: **Olaf Zelewski**
Zeichnung auf der Rückseite: **Arne Klaiber**

Herstellung und Verlag: BoD – Books on Demand, Norderstedt

ISBN: 978-3-7357-9124-5

Frage 1
Immer öfter liest man davon, dass in den letzten zehn bis fünfzehn Jahren so viele Menschen erwacht wären. Wo sind die?

• *Edgar Hofer:*

Haha - keine Ahnung... - werden sich schon wo verstecken *g*

Im Ernst: Ja, wird wohl schon so sein. Aber ob das nun mehr sind wie früher, prozentual gesehen, bin ich mir nicht sicher. Man muss ja auch bedenken, dass z.B. heute auf der Erde ca. 7 Milliarden Menschen leben, zu Jesus Zeiten waren es gerade 100 Millionen. Auf jeden einzelnen Erwachten von damals kommen also allein schon deshalb heutzutage 70 (!). Das sind dann schon viele Kreuze, die man da bauen müsste... ☺

Und dann gibt es noch die bessere Vernetzung und mehr Offenheit dazu. Vielleicht gab es auch früher schon in jedem Dorf nen verborgenen Dorferwachten... - und da man weder drüber sprach, noch so viel herumreiste, keine Medien hatte und kein Internet... hat man nix davon erfahren und sich auch nicht vernetzt. Wohl die meisten glaubten, sie wären die jeweils einzigen im ganzen Jahrhundert. Heutzutage ist's ja fast ne Modeerscheinung und ein Etikett, das gern benutzt wird, je nach Verständnis und Deutung des Begriffes.

Ich denke also, insgesamt liegt das an unserer gerade modernen, westlichen, spirituellen Kultur, an der höheren absoluten Zahl von Menschen, an den Möglichkeiten, sich überhaupt hier bei uns mit dem Thema zu beschäftigen, an der besseren Vernetzung und auch an der größeren Verfügbarkeit von Informationen und Lehrern.

Und letztlich ist's auch eine Laune der Natur und da kann man noch nicht mal sagen, ob das nun "Evolution" ist, also toll und willkommen und Rettung für die ganze Menschheit... - oder ob das ne Degeneration ist und Erwachensstränge nicht oft überhaupt vom Aussterben bedroht sind... gleichsam dem letzten Schritt einer Kultur und Gesellschaft, eine Voll-Endung im wahrsten Sinn.

(Edgar 2011: Inselsatsang)

• *Patrick Aigner:*

Frage 2
Ist es zu gewagt, in Deutschland, jetzt im zweiten Jahrzehnt des 21. Jahrhunderts, den Ausdruck "spiritueller Sucher" mit dem Ausdruck "Internetsüchtiger" gleichzusetzen?

• *Edgar Hofer:*

g - das hat was. Ja, ich würde sagen, das ist zu gewagt. Ich empfinde zum Beispiel die heutige Jugend gar nicht so sehr als "Suchergeneration". Zumindest nicht als bewusste spirituelle Suche, wie z.b. noch bei den späteren Hippies der 60er und 70er-Jahre des letzten Jahrhunderts.

Die wirklichen Sucher sind also meist ohnehin schon in einem Alter, wo man sie nicht wirklich als Internetgeneration bezeichnen kann... Das sind nur ehemals "early adopters" sozusagen, oft ehemalige Programmierer, wie ich ja auch einer war. Aber stimmt schon, noch vor zwei Jahrzehnten waren "Spiritualität" einerseits und Computer, Technik und Elektrizität andererseits ein heftiger Widerspruch. Das ist verschwunden und so gibt es jetzt eine große spirituelle Szene im Internet. Ich glaube aber, dass sehr, sehr viele, vor allem Ü50, nach wie vor ganz klassisch auf spirituellen Suchen sind, egal ob in Satsangs oder anderen Heilsversprechen.

• Patrick Aigner:

Frage 3

Ich würde sehr gerne (aber da es den Rahmen dieses Buches sprengen würde, verkneife ich mir das) mit dir darüber diskutieren, inwieweit die Nationalsozialisten im Deutschland der dreißiger Jahre schlicht und einfach Esoteriker waren. Erlaubt, wichtig und nötig erscheint mir jedoch die Frage, für wie gefährlich der so bunt und weltoffen scheinende, spirituelle Gemüsegarten der heutigen Zeit zu halten ist. Meine Augen meinen zu erkennen, dass gerade die "guten, spirituellen" Leute sehr schnell bereit sind, nach der Frustration und dem ewigen Nicht-weiter-Kommen, meist unter zweit- oder drittklassigen Lehrern und Lehren, anfangen, wie wild um sich zu schlagen.

Vieles von dem, was ich sehe, nimmt sich im Moment noch recht harmlos aus, erschöpft sich meist in einer ständigen Wiederbelebung eines eigentlich für sie erstorbenen Mann-Frau-Rollenspiels und dem ewigen Draufhauen auf scheinbar höher stehende Personen und Institutionen aller Bereiche. Es drängt sich mir die Frage auf, wie lange es dauern kann, bis ein spiritueller Führer diese Armee der Osterhasen hinter sich versammelt, indem er ihnen klar macht, dass irgendwer anderes schuld ist. Schuld daran, dass es eben keine Neue-Osterhasen-Erde geben wird, und schuld daran, dass die guten und ach so wohlwollenden Spirituellen, hier nicht glücklich sind.

• *Edgar Hofer:*

Hmmm... - dass die Nazis "schlicht und einfach Esoteriker" waren, würde ich nicht so sehen. Sie waren sicherlich *auch* Esoteriker (Thule usw.), aber das war nur ein Aspekt und dazu kamen viele andere.

Aber ich weiß, wo deine Frage hinzielt, und da ist schon was dran, wo man auch wachsam sein muss. Nicht nur als Schüler, auch als Lehrer. Immerhin sprechen wir ja meist auch von nichts anderem als "neuen Menschen", in diesem Fall "erwachten Menschen", von Evolution, von – Modewort - "Integral". Da muss man aufpassen, dass dadurch nicht eine Art spiritueller Rassismus entsteht, à la "ich bin erwacht und du nicht" oder "ich bin schon so und so weit entwickelt" usw. usf.

Das hat noch gar nix mit Führern oder Osterhasen zu tun, das sind ganz normale und fast zu erwartende Phänomene und Probleme, die am spirituellen Weg lauern. Das war auch schon in den 70ern so bei den Sekten, wo es immer wieder zu faschistoiden Machtsystemen kam und war ein Glück, dass z.B. bei Osho, er nur gekleidet wurde wie der Weihnachtsmann und alle dabei hübsch lachen konnten. Aber das in Amerika hätte auch anders ausgehen können, und manch andere solcher Strukturen sind auch anders ausgegangen. Hin zu Gewalttaten und getragen von einer dualen Denke à la "Wir und der Rest der Welt". Das findet man immer wieder. In jeder Sekte, in jeder Religion und auch in jedem noch so kleinen Grüppchen. Und der Lehrer ist da meist nicht mal jener, der das "macht", sondern oft nur jener, der mitspielt, oder es nicht mal rechtzeitig bemerkt. Und ist auch nicht so, dass solche Strukturen prinzipiell schlecht wären. Auch hier zählen dann letztlich nur die Früchte, die dann da sind oder nicht da sind. Sowohl individuell-subjektiv, als auch gesellschaftlich-kollektiv.

Aber die Gefahr ist da, ja. Immer wieder. Und das Phänomen selbst gehört einfach zum Mensch-Sein auch mit dazu.

(Edgar 2012)

Frage 4

Es kommt immer häufiger vor, dass Leute, die meine Texte gelesen haben, welche ja nicht gerade durchgängig ein großes Herz-Liebe-Licht-Trallala sind, mir dann schreiben, dass sie aber sehr wohl Leute kennen, die andauernd glücklich sind. Leute, die glücklich durch ihren spirituellen Weg geworden sind. Ich frage dann meist: Wer denn? Und dann kommt selten eine Antwort. Manchmal jedoch werden Namen genannt und dann ist es teilweise schon ganz lustig, denn ich kenne so manche Person hinter diesen Namen, habe teilweise Kontakt mit ihr, und weiß genau, dass es ihr total übel geht.

„Glück in der Geschichte", „Glück im Traum", „Glück auf der relativen Ebene" wird also als Richtmaß für spirituellen Erfolg hergenommen. Dass das vorgespielte „Glücklichsein" im Rahmen des Balztanzes eines paarungswilligen Mittvierzigers, seiner viermal geschiedenen und mit drei Kindern bedachten Angebeteten gegenüber zur Geltung kommt, mag ich weder verurteilen, noch dem den Stempel vorsätzlicher Lüge aufdrücken. Wir Menschen neigen ja dazu, eben das von uns zu erzählen, von dem wir glauben, dass es morgen so sein wird, dass wir morgen so sein werden. Schwamm drüber…

Aber warum lügen so viele Lehrer in dieser Sache? Warum sagen so wenige, dass du Glück, Liebe usw. bist, aber das doch niemals, niemals, niemals in der Geschichte. Warum sagen sie nicht, dass du das, was du bist, nicht in den Film, in die Geschichte rüber holen kannst? Und einen Teil davon schon gar nicht. Warum sagen sie nicht, dass es da keine Brücke gibt? Aber halt! Viele sagen das ja. Und ja... die Stellen in Videos oder Büchern sind auch zu finden. Aber diese Lehrer erzählen hundertmal so oft die Unwahrheit. Und dieses Erzählen der Unwahrheit führt dazu, dass die Leute mit dem Gesagten nicht mehr durch die Tür passen. Das ist keine Gnade, das ist fast schon bösartig. Und spricht man dann einen dieser Lehrer direkt darauf an, dann wird man entweder mit der Advaita-Totschlag-Frage platt zu machen versucht: „Wer will das wissen?", oder mit dem ebenfalls schwachsinnigen: „Es gibt keine Tür, es gibt keinen Weg." Und das von Leuten, die davon leben, dass sie Wege verkaufen... Ist mir schlecht...

• *Edgar Hofer:*

Ich würde nicht sagen, dass da so viele Lehrer drüber lügen. Wenn, dann sind das vielleicht Missverständnisse, ich weiß nicht... und da bräuchte es konkrete Beispiele. Ich nenne z.B. mein "zufrieden sein" auch anders und mag den Ausdruck "Glück" überhaupt gar nicht, aber andere gebrauchen Worte eben auch wieder anders. Und ich denke schon, dass es Menschen gibt, die glücklicher oder wenigstens zufriedener sind, und andere, die das nicht so sind. Entweder wirklich weniger "Glück" haben oder empfinden, oder auch einfach mit demselben Umfang von Glück weniger zufrieden sind, oder mehr zufrieden sind. Und das hat überhaupt gar nichts mit Erleuchtung oder Erwachen zu tun. Und so mag es "erleuchtete Glückliche" geben, wie auch "erleuchtete weniger Glückliche", und "unerleuchtete Unglückliche" wie auch "unerleuchtete Glückliche". Das würde ich so nicht vermischen und ineinander in Bezug setzen. Vor allem jenes Glück nicht, das "aus der Geschichte" kommt und äußere Bedingungen hat.

Es klingt bei mir sehr stark durch, in deiner Frage, dass du dich offenbar zu den "Unglücklicheren" zählst, und eventuell auch darüber ent-täuscht bist, dass Erwachen dieses "unglücklich sein" nicht behoben hat. Kann das sein, oder missverstehe ich dich da?? (*g* offtopic: auch ich kann ungemütlich sein ☺)

Ich selbst hab mich zeitlebens eher zu den Glücklicheren gezählt, vorher und auch nachher. Und "danach" war's und ist es bei mir so, dass eine "grundsätzliche Zufriedenheit" dazukommt, die mit der Geschichte nichts zu tun hat, sondern sozusagen "von innen kommt". Zumindest die meiste Zeit ist das so, und "vorher" hatte ich das so nie wahrgenommen. Es entweder übersehen oder es war auch einfach nicht da, darüber könnte man extra philosophieren... ☺

Also ja, da wird schon was "mitgenommen" und "mitgebracht", nur ist das bedingungslos und völlige Gnade, und man hat dafür nichts geleistet und kann dafür auch nichts tun. Und aus meiner Sicht ist es sogar so, dass das eigentlich jeder hat, aber nur übersieht. Zumindest habe ich das mal so gesehen. Mittlerweile schau ich da auch gar nicht mehr hin und nehme da keine Unterschiede wahr. Letztlich kümmerts mich nicht mal, ganzheitlich gesehen ist alles Gott... - ob das nun leidet oder nicht leidet, ändert nichts daran, dass es prinzipiell nicht auftrennbar ist.

Und ja, definitiv gibt es auch "Glück und Liebe" in der Geschichte, warum auch nicht. Sie zu einer Bedingung zu machen für eigenes glücklich und zufrieden Sein ist jedoch falsch, weil dieses unbegründet ist. Das "Glück und Liebe in der Geschichte" kommt dann bestenfalls als Sahnehäubchen, ohne dass es wirklich notwendig wäre. Und es kann auch ohne das "eigentliche Glück" vorhanden sein, in "unerleuchteten Geschichten", und dann ist es eben nie von Dauer. Maximal die Lebensspanne eines Menschen halt. Und da dann oft auch innerhalb dessen immer nur temporär. Immer nur JETZT. Aber zu sagen, das gäbe es nicht, das halte ich wiederum für eine Unwahrheit. Dann hat man es vielleicht selbst nicht erfahren, das kann ja sein, und diesen Schmerz kann man auch spüren, aber alles, was man selbst nicht erfahren hat, als Lüge zu erklären, ist nichts anderes, als das bewusste Schließen und feste Zuhalten beider Augen und Ohren, weil nicht wahr sein kann, was nicht wahr sein darf.

Hättest du aber das Gegenteil behauptet, und ewiges Glück versprochen, würde vielleicht ich wiederum ganz anders sprechen. Da ist kein Entweder-oder, sondern immer nur ein Sowohl-als-auch. Und gleichzeitig ein Weder-noch. Jede Vereinnahmung einer Seite der Medaille scheitert. ☺

Frage 5

Es gibt da dieses Bild. Dieses Bild, dass gerade, wenn du in deinem neuen Mercedes sitzt und zum allerersten Mal den Zündschlüssel umdrehst, garantiert ein Ferrari vorbei fährt. Ist es mit „der" Erleuchtung nicht ähnlich? Wird nicht sofort nach einer größeren, nach einer tieferen Erleuchtung gesucht? Vor diesem Hintergrund möchte ich dich fragen, ob es für dich noch, nennen wir es mal „spirituelle Ziele", gibt. Nisargadatta Maharaj äußerte sich einmal dorthin gehend, dass ihn Spiritualität eigentlich nicht interessiere.

Was einem jeden sofort auffällt, wenn er deine Online-Satsangs (Satsang von der Insel) miterlebt, wie unheimlich breit du aufgestellt bist, will sagen, wie viel du aus den verschiedensten Traditionen in dich aufgesogen hast. Das ist für jemanden wie mich, jemanden der sich vollzeitmäßig mit diesen Dingen beschäftigt, natürlich eine reine Freude. Ein Fest. Ja. Ein Teil der Freude besteht auch darin, zu sehen, dass ich nicht der Einzige bin, der die Finger einfach nicht mehr von diesen Welten lassen kann.

Aber hat die Sache nicht auch eine Kehrseite? Samarpan und Karl Renz sind in meinen Augen „Lehrermaschinen". Und das empfinde ich auch als durchweg positiv. Ja, ich liebe es, auch wenn ich persönlich Samarpans „Lehrplan" für wenig erfolgversprechend halte. Aber das steht auf einem anderen Blatt und die alte Frage, ob die Zahl der Anhänger oder die Zahl derer, die durch einen Lehrer erwacht sind, zählt, ist für mich längst eindeutig beantwortet.

Doch zurück zum Thema. Jeder der beiden lehrt eisenhart seinen jeweiligen Weg. Alles andere wird platt gemacht. Zubetoniert! Und ich denke auch, dass es gar nicht anders geht. Ein Weg! Selbst ein schlechter Weg ist besser als gar keiner. Selbst der allerallerschlechteste ist besser als gar keiner. Ich sehe manchen Leuten seit Jahren, seit Jahren (!) dabei zu, wie sie, ohne wirklich eine Strecke gegangen zu sein, Wege gegeneinander abwägen. Und selbstverständlich haben sie dafür nur ihre Vorstellung von Dingen, die sie gar nicht kennen, zur Verfügung. Es tut einfach nur weh, das mit anzusehen. Errätst du meine Frage?

(Patrick 2013)

• *Edgar Hofer:*

Nun... das Bild mit dem Mercedes und Ferrari berücksichtigt einen Punkt nicht: Zufriedenheit. Ist Zufriedenheit da, dann kann vorbeifahren, was will. Dann kannst du in einem Trabi sitzen und ein Rolls fährt vorbei und du lachst bestenfalls über solche, die Mühen investieren, irgendeinen Schein zu zeigen, der nur in ihrem Kopf existiert. Ist Zufriedenheit da, dann kaufst du dir einen Mercedes nicht um ersatz-zu-befriedigen und emotionale Löcher zu stopfen ... sondern einfach, weil er dir gefällt, weil es dir Freude macht, oder einfach, weil du ein Auto brauchst und zufällig auch genug Geld hast für ein *gutes* Auto.
Also nein... so stimmt das nicht. Beide Bilder, sowohl jenes mit Autos als auch jenes mit "Erleuchtung" stellen da die Motivationen, Gefühle, Gedanken und vor allem MÄNGEL eines "Egos" in den Mittelpunkt. Ego im Sinne eines Gefühls der Individualität und Getrenntheit. Was für eine Erleuchtung soll das sein?? Das ist keine.

Ich kenne, ehrlich, keinen wirklich "Erleuchteten" der jemals nach seiner "Erleuchtung" noch nach einer "größeren, tieferen Erleuchtung" gesucht hätte. Wer das macht oder getan hat, hat einfach nicht Erleuchtung erfahren, in the first place. Das ist dann nur Einbildung, oder man nennt irgendeine beliebige spirituelle Erfahrung so, weil es grad hip ist oder grad Mode oder weil es sich grad temporär so anfühlt. Wenn "das Wirkliche" geschehen ist, dann gibt es darüber aber überhaupt keine Frage mehr. Das alles, all solche Spiele, verschwinden.

Das ist einfach keine Frage von "Zuständen". Bei "Zuständen" gibt es ein "höher, weiter, besser". Wie eben ein "Mein Auto, mein Haus, mein Boot". Bei Erleuchtung gibt es aber keine Zwei. Es gibt da keine Zwei. (!)

Also nein, für mich gibt es keine spirituellen Ziele. Und gefällt mir gut, was da Nisargadatta sagte. Ja, mich interessiert Spiritualität, wie sie für gewöhnlich verstanden wird, ebenso wenig. Derzeit beschäftige ich mich am liebsten mit Bitcoins und mit Aktienspekulationen. Und ab und an spiel ich gerne mit einem Fußballmanager im Internet. Zudem koche und esse ich gerne, wie man unschwer erkennen kann ☺

Außerhalb meiner Satsangs beschäftige ich mich absolut null mit solchen Fragen. Ich weiß auch nichts. Ich bin auch nicht "breit aufgestellt" oder hab viel "aufgesogen". Aufsaugen tu ich gern Geschichte, meist in Wikipedia, aber auch Astrophysik und Hunderte andere weltliche Interessen, z.B. Politik, Wirtschaft, Gesellschaftssysteme - ausschließlich Dinge, die mich interessieren. Das letzte spirituelle Buch habe ich vor mehr als 10 Jahren gelesen. Außer deine Bücher, da hab ich gern mal reingeschaut, weil du eine coole Schreibe hast und ich dich persönlich kenne.

Alles, was ich sage, kommt letztlich aus dem Nichts. Es ist eigentlich eine Art Channeling des Nichts. Ich lese sozusagen in der Akasha-Chronik *g*. Ne, im Ernst, ich lese gar nichts, das "Wissen" kommt unmittelbar und direkt aus dem Moment. Und ist großteils völlig unpersönlich. Und ja, natürlich, viel "Fachwissen" vielleicht, was aus meiner Suche stammt, von "damals". Länger als 15 Jahre her. Was man halt mitnimmt. Aber meist ohnehin falsch verstanden wurde, während der Suche. Und nun halt neu zusammengesetzt wird, altes Wissen und eigenes Verständnis. Das aber unmittelbar ist. Direkte Erfahrung. Zudem weiß ich selbst nicht, was ich spreche. Sprechen geschieht. Das mag nun "advaitisch abgehoben" klingen, aber ist so. Wenn ich über etwas gesprochen habe, denke ich danach nicht mehr drüber nach und habe es augenblicklich vergessen. Und ich denke auch nicht vorher drüber nach, was ich sprechen werde. Das ist kein "Wissen" im herkömmlichen Sinne.

Was aber da ist, ist ein Verstehen. Ein Verständnis für all die alten Traditionen. Von innen heraus. Vom Kern her. Zu wissen, wie sie "gemeint" sind und was sie eigentlich transportieren. Weil alles aus derselben Quelle kommt, aus demselben Kern.

Ich hoffe, ich schweife nicht allzu sehr ab (hab zu antworten begonnen, bevor ich deine ganze Frage gelesen hab...).

Zum letzten Teil der Frage: Ich bin nicht der Meinung, dass ein Weg, oder ein schlechter Weg, besser ist als gar keiner. Letztlich gibt es nicht mal einen Weg, oder, ich sage immer gern: "Alle Wege geschehen in Rom."

Und für mich ist kein Weg wirklich definitiv besser als der andere. Für den einen passt dieser Weg, für einen anderen jener. Alle Wege haben da ihren Sinn. Sogar jener Weg, der dann "kein Weg" ist. Weil letztlich ist alles Weg... - und man ist ohnehin immer schon angekommen. Das ist da mein Ausgangspunkt, alles ist immer schon hier und alles andere sind Abenteuer. Die man gehen kann, aber nicht gehen muss.

Das "knallharte Lehren des eigenen Wegs": Da bin ich mir nicht mal sicher, wie viele das tun. Selbst für mich war es fast unangenehm, als sich Schüler fanden, die wollten, dass ich "meinen" (tantrischen) Weg nun lehre. Gerade am Anfang fühlt sich der eigene Weg doch meist wie die volle Illusion an. Am Ende muss man auch diese Illusion des Weges durchbrechen. Und dann soll man ihn lehren? Mit Überzeugung? Das kann selten funktionieren.

Deshalb lehrt auch ein Balsekar nicht so wie ein Nisargadatta. Sein Weg, den er LEHRT, hat also nicht viel mit dem Weg zu tun, den er GING. Das war auch bei Buddha so, der erkannt hatte, dass weder der eine Weg der totalen Entsagung, noch der andere Weg des totalen Genusses für ihn zum Ziel führte. Erst die Aufgabe des Weges brachte ihn ans Ziel und als Lehrender lehrte er dann einen "Mittelweg". Und es ist fast immer nur die Aufgabe des Weges, die einen ans Ziel bringt.

Was z.B. Samarpan lehrt, ist "die Art des Lehrens von S." - die hat es so vorher nicht gegeben, er hatte keinen Lehrer, der das so lehrte, wie er selbst. Und bei K. Renz ist es dasselbe. Die waren bei keinem Lehrer, der so lehrte. Die sind selbst nicht einen Weg gegangen, den sie nun lehren. Sie SIND der Weg. Unique und frisch in jedem Moment (naja, mehr oder weniger).

Und daneben gibt es halt in der "spirituellen Szene" Lehrer, die mehr als Spezialisten wirken, und andere, die mehr als Generalisten wirken. Wie im normalen Leben eben auch.

Beim allerletzten Aspekt, den du ansprichst, gebe ich dir uneingeschränkt recht. Ja, das Schlimmste ist in diesem Fall, Wege gegeneinander abzuwägen, ohne selbst den Hintern hochzukriegen und selber wirklich einen Weg zu gehen. Ihn von innen zu kennen. Das ist, wie über den Geschmack eines Pfirsichs zu philosophieren, ohne ihn je gegessen zu haben. Aber dann ist es eben dieser "Nicht-Weg", der da mit jenen geschieht. It's not our business.

Kommt aber jemand und fragt mich, würde ich einfach empfehlen, jenen Weg zu wählen, der einen am meisten anspricht und Freude macht. Wenn man denn einen Weg gehen möchte. Und wenn nicht, dann ist das auch gut. Und wenn man lieber jahrzehntelang abwägt, ist auch das gut (macht ja offenbar manchen Freude; und wenn es keine Freude macht, ist auch das okay). Also ich bin da sehr mitleidlos diesbezüglich. Ich hab da auch überhaupt keine Botschaft. Das wär mir ein Grauen. Das hieße, mit einer Wahrheit identifiziert zu sein. Und sich auf diese eine Wahrheit zu reduzieren. Das wäre mir zu klein, zu eng und zu beschränkt.

Und andersrum... wäre mir diese eine Wahrheit auch gleichzeitig schon eine Wahrheit zu viel. Also zu wenig und zu viel, zur gleichen Zeit. Entweder alles oder nichts. Von irgendetwas Bestimmtem überzeugt zu sein, und es zu lehren, und andere zu überzeugen, da fehlt mir einfach die Überzeugung. Das ist mir zu dar-über-gelegt. Dieses Über-Zeug gibt es nicht. Das ist letztlich alles gleich-gültig.

Und sogar der Zustand des Nicht-Wissens oder - scheinbar - nicht Angekommen-Seins ist gleich-gültig. Da gibt es kein höher und kein weiter und auch kein Ziel zu erreichen. Und wenn dann trotzdem zufällig ein Ziel mal erreicht wird, indem jemand dort an-kommt, wo er ohnehin schon immer war: wunderbar. Dann freu ich mich mit ihm oder ihr... und ein paar Stunden später hab ich das dann wieder vergessen. Daraus einen Weg zu basteln mit Versprechungen, dass der Apfel genau dann reif ist, wenn ich zufällig am Baum schüttle, das fände ich infam. Obwohl diese Zufälle zufällig recht oft zufallen können.

Aber letztlich geschieht alles von selbst und ich schau bestenfalls nur zu. Auch mir selbst.

Und irgendwann ist da Leere und das ist schön. Wer sie noch nie gekostet hat, wird jubeln. Wer sie festhal-ten möchte, wird scheitern. Wer sie finden möchte, wird an ihr vorbeigehen. Das ist halt so. Und das macht nichts. Weil sie immer da ist - bedingungslos. Alle "Wege" führen letztlich an ihr vorbei. Erst im Stoppen und Stehenbleiben öffnet sich das Tor. Und vorher können wir labern, was auch immer wir wol-len.

• *Patrick Aigner:*

Sehr geehrter Herr Hofer, dann drehen wir den Spieß
mal um. Ich hätte da eine Antwort. Und würde gerne
von Ihnen die Frage dazu erfahren. Die Antwort lautet
„Advaita".

• *Edgar Hofer:*

Indische Philosophie der Nondualität in 7 Buchsta-
ben?

Jo... da fällt mir jetzt nichts Lustiges ein. Ich bin mit
Fragen nicht so gut. Für mich ist ja schon ein harmloses "wie geht es dir?" ne schwierige Frage. Aber das
hab ich mir wieder angewöhnt, Leute so was zu fragen. Manche warten da drauf. Manche fragen ja auch
nur deshalb, weil sie selber was zu erzählen haben.
Aber ich bin, was spirituelle Fragen betrifft, wirklich
fraglos. Also fraglos fraglos. Wobei nicht nur frag-los,
sondern gleichzeitig bin ich auch ein "los-frag". Im
Sinne von "los-frag-mich-doch". Also fraglos und los-
frag zugleich. Wie nennt man das? "Nichtzweifrag".
Nichtzweifraglichkeit. Oder die Nicht-Zweiheit zwei-
er Nicht-Fragen. Wie nennt man das? Richtig: A-
Dvaita. Alles ist immer A-Dvaita. Aber das ist schon
wieder eine Antwort. Ich bin eben fraglos ein Losfrag.

Frage 6

Pennywise war der Name, nach dem ich gesucht habe. Pennywise. Jetzt jedoch scheint mir irgendetwas an der Sache nicht zu stimmen. Irgendetwas stinkt. Dieser Name, für mich auf immer verknüpft mit einem seltsam die Straße runter hüpfenden Luftballon – sollte er wirklich die Antwort sein? Seit geraumer Zeit bin ich dieser Sache schon auf der Spur. Und ja, es war schlimm. Und ja, es wurde schlimmer. Richtig schlimm.

Am Anfang schien alles ganz harmlos. Ich hielt es, naiv, wie ich damals noch war, einfach für eine neue Frauenkrankheit. Irgendetwas also, über das ich weder sprechen, denken, noch sonst was wollte. Irgendetwas also, das das Zeug dazu hat, mir die Lust auf Sex gründlich, will sagen, für ganze Minuten zu nehmen. Und genau damit fing es an. Mit Sex. Oder besser gesagt, mit keinem Sex. „Kein Sex" klingt allein schon nicht danach, mich so wirklich froh zu stimmen. Aber da war noch etwas anderes. Und ja, ich war erschrocken. Und ja, ich habe es anfangs total unterschätzt. Und Edgar, ich hoffe du merkst, wie ich mich quäle. Und ich hoffe du merkst, wie mir bei dem Gedanken an dieses erste Mal noch das Grauen die Nackenhaare aufstellt. Aber ich muss da durch und es hätte für dieses Interview auch keinen erkennbaren Sinn, die Spannung noch mehr in die Höhe zu treiben. Diese wundervolle Frau also sagte es mir zum ersten Mal. Sie sagte ES mir zum ersten Mal. Sie sagte: Ich weiß nicht genau, ob ES hier Sex will. Freund der Liebe und des Longdrinks, ich war geschockt. Doch da ich meist in meiner Spontanität sehr liebevoll und einfühlsam reagiere, fragte ich sie fast ganz vorsichtig: Sag mal, hast du noch alle Nadeln an der Tanne? Bist du jetzt völlig durchgeknallt?

Als Advaita-Mann bin ich ja vieles gewohnt. Es scheint z.B. so, als ob ich einen Magneten in meinem Arsch habe, der Celestine-Damen, Bärbel Mohr und Neal Donald Wasch-Damen magisch anzieht. Vielleicht haben sie sich ja meinen Arsch beim Universum bestellt – nicht die schlechteste Wahl übrigens…

Sei es, wie es ist. Hier lag der Fall anders. Ernster. Aber das wurde mir erst kurze Zeit später bewusst. Und nein, an diesem Nachmittag gab es keinen Sex. Vielleicht für dich Edgar, das kann ich nicht mit letzter Sicherheit ausschließen, für mich jedenfalls nicht. Es war also an einem diesigen Novembertag, ich weiß es noch wie heute, weil die Küche aussah wie Sau, und ich somit einen geeigneten Widerstand hatte, um mich, um dem Aufräumen zu entgehen, den ganzen Tag hinter meine Texte zu klemmen, als ich die Email eines erst lange untergetauchten, dann plötzlich wieder aufgetauchten Advaita-Freundes las, mit dem ich tags zuvor ausgemacht hatte, dass wir zusammen etwas schreiben wollen. Ein Buch. Eigentlich war wirklich alles besprochen. Das Thema stand, die Herangehensweise, will sagen, die äußere Form war gefunden und ich war heiß darauf, ins Tun zu kommen. Heiß auf dieses Spiel, heiß auf diesen Tanz, ja ich hatte mich wirklich darauf gefreut. Wir wissen alle, was jetzt kommt. Nicht etwa ein schnörkelloses „Nö", das wir schon seit dem „Mit-der-Mutter-im-Einkaufsmarkt-Spiel" kennen. Nein. Auch nicht das so liebgewonnene Überbleibsel aus Jugendzeiten „Boah ey Alter, Boah echt ey, ich weiß nicht". Mein Advaita-Freund, den ich selbstverständlich darauf hin gnadenlos und mit sofortiger Wirkung vom Advaita-Freund auf einen spirituellen Freund herabgestuft habe, schrieb mir wörtlich: Du Patrick, ich weiß nicht, ob ES hier wirklich dieses Buch schreiben will. Das genau war der Augenblick, als ich anfing, ES zu hassen. Weißt du Edgar, Frauen sagten schon „nein" zu mir, da war von Eva noch keine Spur im Paradies zu sehen, damit kann ich prima nicht leben, aber das war doch etwas anderes.

In der Zeit darauf fingen diese Vorfälle an, sich zu häufen. Leute, die ein paar Tage vorher noch völlig selbständig in der Lage waren „zwei Kugeln Vanille, eine Stracciatella und bitte etwas von dem leckeren Schokolikör darüber" zu sagen, wurden Opfer dieser mir so verhassten Bestie: ES!

Nicht unmittelbar, aber dafür mittelbar, zerstörte diese Bestie auch mein Leben. Denn anstatt Bücher zu schreiben, fing ich an, mich in Spekulationen über meinen Feind zu verlieren. Alleine schon, um herauszufinden, dass es dieses Haus gar nicht gibt, Edgar, du weißt schon, dieses Haus eben, benötigte ich drei ganze Wochen und eineinhalb Flaschen Jägermeister 0,7 und die restliche Flasche Absinth. Dieses Haus, in dem die drin wohnen. Ja, genau die. Die, die immer herausfinden und beweisen. Ja genau, die amerikanischen Wissenschaftler. Ich hatte den Brief mit meinen Fragen und von Fakten gestützten Vermutungen an sie fast schon fertig, lediglich Monika hätte ihn noch Korrekturlesen müssen, als mein Plan in sich zusammenfiel.

Kurzum, ES hatte auch mir geschadet und somit betrachte ich mich auch als eines seiner unzähligen Opfer, wenngleich ich es ihm mit diesen Zeilen hier natürlich heimzahle. Aber auch ich habe wirklich Schaden davon getragen. Wenn mir heute Susanne schreibt, hier ist es so schön still, dann bin ich versucht zu fragen „Ist es bei dir still oder ist ES bei dir still?" Nein. Es ist nicht zum Lachen und ES schon gar nicht.

• *Edgar Hofer:*

Hi Patrick, bin mir nicht sicher, ob es da heute noch antworten möchte... ich wart da jetzt erstmal ab... auf einen Impuls... ob es mag... oder ob es nicht mag. Bin da selber ganz unparteiisch sozusagen. Und "es" ist ja da auch immer recht gespalten. Kann sich meist nicht entscheiden zwischen Yin und Yang. Und dann ist's, wenn es gut gelaunt ist, am liebsten beides zugleich. Und wenn es ganz schlecht gelaunt ist, dann ist es am liebsten neti-neti, nicht dies und nicht das. Und dann schiebt es das Ganze auch noch auf ein Hyper-Es, und von dort auf ein Hyper-Hyper-Es. Es sagt ja auch immer recht gern, dass es gar nichts tut, und dass es keine Entscheidungen gibt. Und dann sagt es gern dies und gern das, und wenn man es greifen mag, dann zerrinnt es gern zwischen den Fingern. Launiges Ding.

Wo waren wir stehengeblieben? Bin nicht sicher, ob es in mir jetzt zurückgucken möchte, und den Faden wieder finden, oder einfach alles liegenlassen und deine schöne Geschichte so stehenlassen. Vielleicht ist es das, was es wollte, von... es, äh, sich selbst.

(Edgar in Indien 1999)

Frage 7
Wenn dir der 20-jährige Edgar Hofer gegenüberstehen würde... Würdest du ihm raten, den Weg zu gehen, den du gegangen bist? Was würdest du ihm mit auf den Weg geben, vor was würdest du ihn warnen?

• *Edgar Hofer:*

Oh, wow, tolle Frage... Was für eine Gelegenheit!
Ich muss mal nachdenken, wo ich da war und wer ich da überhaupt war. Mit 20. Wow. Da war der Edgar, richtig, ja genau 20 Jahre alt. Ui ui ui ... und da war er grad beim Militär und seine erste Frau war schwanger. Also so von 20-21.

Ich glaube, da hätte ich ihm jetzt gar nicht viel dreingeredet. Sonst kommt er noch auf blöde Ideen und fängt an, den Weg mit einer noch viel größeren Konsequenz zu gehen, als ich es ohnehin getan habe. Und dann gäbe es mich ja gar nicht so, wie ich als Edgar *jetzt* bin, wenn ich ihm da groß was dreinreden würde. Will sagen: Ich bin da ganz zufrieden mit dem Weg, der da geschah (boah... häng jetzt grad noch bissl in der "Es-Sprache").

Nein, ich würde mich da nicht einmischen, das war alles total okay, wie es war. Sowohl die positiven Dinge, als auch die scheinbar negativen. Wenn ich's recht überlege, z.B. mit genau 20, da war seine erste Frau noch gar nicht schwanger. Da hätte er das noch vermeiden können, wenn ich z.B. daran denke, dass die Ehe später ohnehin gescheitert war. Und trotzdem, die Frucht, die daraus entstanden ist, seine erste Tochter, ist es wiederum "wert", diesen (scheinbaren) "Fehler" zu machen. Alles perfekt, 100%ig. Und nichts hätte anders geschehen können oder sollen.

Und so würde ich ihm weder einen guten Tipp geben, noch würde ich ihn warnen. Denn beides wäre Einmischung. Und ich mochte meinen Weg mit allem Drum und Dran. Meine Oma gab mir damals, bei meiner ersten Scheidung, mit auf den Weg: "Wenn es nicht so kommt, wie du glaubst, dann kommt es doch so, wie es besser für dich ist".

Okay, aber stellen wir uns mal Paralleluniversen vor, völlige Offenheit und Freiheit, und ich könnte so einem 20jährigen "Parallel-Edgar" was mitgeben aus meiner Erfahrung, jetzt rein fiktiv und zum Spaß und um deine Frage zu beantworten:

Ja, ich würde ihm unbedingt raten, meinen Weg zu gehen, den tantrischen Weg. Es war ein geiler Weg voller Exstasen, da möchte ich nichts missen. Ich habe viel erfahren dürfen, was nur wenige erfahren, und das macht mich extrem zufrieden, und gleichzeitig blieb sehr wenig offen, ich durfte mich also auch "ausleben". Ausleben in der Dualität, sozusagen. Und das ist durchaus auch sexuell gemeint. Und natürlich auch tantrisch-exstatisch. Und bewusstseinstechnisch sowieso.

Was ich ihm mitgeben würde: "Enjoy life. Alles ist perfekt. Nothing can ever happen". - Ob ich ihm "Satsang" geben würde, weiß ich allerdings nicht. Ich

33

glaub, würde ich ihm sagen, dass er Gott ist, und ohnehin schon immer erleuchtet ist (so wie alle anderen auch) ... dann würde ich Spannung rausnehmen aus dem Spiel. Außerdem würde das zu einer mächtigen Ego-Aufblähung führen... und sein Ego war ohnehin relativ groß. Aber vielleicht würde ich ihn tatsächlich schon früher und massiver auf den tantrischen Pfad schicken. Und hey, 1983.... ich hätte ihn geradezu nach Indien geschickt. Zu Osho, rumbumsen, und später gleich zu Papaji vielleicht.

Und beruflich hätte ich ihn bissl gewarnt, dass er sich nicht so ausnutzen lassen soll, da hätte er ruhig noch um einiges selbstbewusster sein dürfen, und weniger Geld herschenken. Ich mein... das ist ja immerhin Geld, was mir jetzt fehlt ☺ *g*

Ach ja, und ich hätte ihm behutsam klargemacht, dass er seiner ersten Frau nicht unbedingt jahrelang so derart treu hätte sein müssen. Ich mein, ist ohnehin gescheitert... also da hätte er auch durchaus mehr Spaß haben können in diesen Jahren *g*

Ich nehme an, diese Antworten waren jetzt alle sehr "unspirituell" *gg*

• Patrick Aigner:

Frage 8
Wenn in 108 Jahren Edgar Hofer in die Kiste steigt…
Was möchtest du, was wäre dir am liebsten, das man
über dein Leben, über dich, sagt?

• Edgar Hofer:

Hohoho!! Du stellst aber Fragen!! Wo nimmst du die
nur her?? Hammer...

Du kitzelst jetzt schon das Ego aus mir raus. ☺

Irgendwie, ja, muss ich zugeben, wär es schon schön,
wenn man sich an mich erinnert, später. Wenn da was
bleibt. Irgendwas. Und möglichst Positives. Ein
Impakt. Etwas da gelassen zu haben. Mir "persönlich"
kann das ja "nachher" egal sein (sowohl als Gott-
Alles, als auch als Nirvana-Nichts, und auch als Kör-
per-Edgar, der dann ja vergangen ist und nix mehr
mitkriegt). Und trotzdem ist *jetzt* dieser Gedanke
schön und ich würde mir wünschen, wenn es so wäre.
Irgendein positiver Impakt. Und da den sowieso im
Prinzip JEDER hat, egal ob man es weiß oder nicht
weiß, wär mir in meinem Fall dann natürlich lieber,
wenn man es WÜSSTE. Also wenn bewusst was
bleibt, eine Erinnerung, ein Wissen über mich, über
Edgar.

Was das dann ist... weiß ich nicht. Da gibt es so Vieles, und egal was es wäre, wäre es wohl nur ein Aus-

schnitt und würde mich als Ganzes ohnehin nie erfassen. Also auch Edgar als Ganzes nie erfassen. Welcher Ausschnitt das dann wäre, da hab ich gar nicht so viele Präferenzen.

Zusammenhänge erkennen. Das ist eine Eigenschaft von Intelligenz. Auf meine Intelligenz war ich mal "stolz", war Mensa-Mitglied. Das vermischt mit Weisheit über das Thema Erleuchtung, das würde mir schon gefallen. Und da empfände ich mich dann schon geehrt, das fände ich gut und würde mich freuen.

Gleichzeitig wäre es aber auch nicht wirklich wichtig. Da ich ohnehin in und mit Gott bin. Und da braucht es kein Herausragen mehr. Es reicht, das zu sein. Es ist erfüllt. Von vornherein. Und braucht keine Erfüllung mehr. Das ist vielleicht das Schöne an dieser Erfahrung, dass die Erfüllung eigentlich zeitlebens schon geschieht. Und da bleibt letztlich nichts offen. Also selbst, wenn niemand später von mir, bzw. von Edgar weiß. Bleibt absolut nichts offen und geschieht alles so, wie es sein soll. Es ist also letztlich auch nicht wirklich wichtig.

Viel wichtiger wäre mir dann eher, dass es viele Menschen gibt, die bis zum selben Punkt gekommen sind (durch mich oder anderswie). Und dass ich vielleicht dem ein oder anderen helfen konnte, vor allem im Weg danach. Und wichtig wäre für mich, wenn die Welt generell, und da vor allem auch die Menschheit, sich weiter evolviert. Weiter eine Chance hat auf diesem Planeten. Weil, es gibt einfach noch unendlich viel zu erfahren.

• *Patrick Aigner:*

Frage 9
Wenn du noch mal ein/dein Leben leben müsstest, und du hättest die Wahl, niemals etwas über Spiritualität zu hören, oder eben wieder doch diesen Welten zu begegnen… Was würdest du wählen?

• *Edgar Hofer:*

Eindeutig und zu 100% dasselbe Leben wie jenes, das ich hatte. Ich würde da nichts missen wollen, weder auf der weltlichen Ebene, und schon gar nicht auf der spirituellen. Wobei ganz verstehe ich die Frage nicht, ich finde da kein "Entweder-oder". Also erkenne nicht, zwischen welchen Optionen ich da die Wahl hätte?? Ein "normales Leben" - ohne Spiritualität - würde ich nicht leben wollen, so ich die Wahl hätte. Bin also mit meinem Leben sehr zufrieden.

Hätte ich allerdings keine Wahl, und auch kein Wissen, dann wäre es notfalls auch okay, ein ganz normales Leben zu leben, zum Beispiel als Bill Gates. *g*

• *Patrick Aigner:*

Deine Bill-Gates-Wahl halte ich für sehr bedenklich, denn schließlich bekam ja Harrison Ford Calista Flockhart. Von daher…

• *Edgar Hofer:*

Haha... da nehm ich lieber das Geld... und die Computer. Vor allem, da ich diese Calista ohnehin nicht kenne... ☺

• *Patrick Aigner:*

Frage 10
Wie viel und welche Art von Kontakt gibt es zwischen dem Menschen Edgar Hofer und dem Lehrer Edgar Hofer? Haben sie sich noch etwas zu sagen? Haben sie noch Fragen aneinander? Streiten sie gar, dann und wann?

• *Edgar Hofer:*

Ne, da gibt es letztlich keine Trennung, keine Zweiheit. Der Lehrer Edgar Hofer ist die Berufung des Menschen Edgar Hofer. Und sein Brötchengeber. Und der Mensch Edgar Hofer darf das alles dann auch wieder verprassen. Eine perfekte Symbiose sozusagen, wenn es noch zwei wären. Aber der "Lehrer" ist eigentlich nur da, wenn "andere" da sind, scheinbare Schüler. Ansonsten ist da einfach ewiges, süßes Nichtwissen. Das heißt... eigentlich weder Wissen noch Nichtwissen. Wissen erscheint, wenn es nötig ist. Manchmal auch für Edgar. Von innen oder von außen, gleich gültig.

• Patrick Aigner:

Frage 11
Ich halte Karl Renz für den größten lebenden Lehrer auf diesem Planeten. Habe ich ein Problem?

• Edgar Hofer:

Ne, wieso? Glaub ich nicht, dass du da ein Problem hast... - ich finde Karl auch recht gut und vor allem lustig.

• Patrick Aigner:

Frage 12
Edgar, du gehst voll auf Mann, wenn dir etwas nicht in den Kram passt, und bist daher in spirituellen Kreisen auch ein wenig gefürchtet, vielleicht sogar ein wenig mehr... Und arrogant wie die Sau sollst du auch sein – hab ich gehört. Die Gürtellinie scheinst du für einen Landstrich in Ecuador zu halten und das Wort „aufgeben" spielt bei dir bestenfalls im Brief- und Paketbereich eine Rolle. Ich selbst hatte auch, ich glaube es war so 2007, das zweifelhafte Vergnügen, mit dir aneinanderzugeraten. Noch heute warte ich auf die Gelegenheit, es dir fürchterlich heimzuzahlen... Warte nur, wenn ich dich besuchen komme...

Halber Spaß beiseite. Die Anzahl der Mails, die ich durch mein Schreiben bekomme, nehmen zu. Das freut mich ungemein und es freut mich überhaupt nicht. Es freut mich nicht, weil sich hinter dem Vorwand, über Erwachen & Co zu sprechen, meist nur die Fragen verbergen: Bin ich falsch? Was stimmt nicht mit mir? Ist mein Falschsein doch das richtige?

Viele versuchen sich selbst zu lieben, sich selbst lieben zu können. Das wurde ihnen gesagt. Es wurde ihnen aber auch gesagt, dass sie ein „ihr Ego" besser wegbekommen sollten. Sie wollen sich also lieben, aber das klappt nie so ganz, denn da ist immer noch etwas, für das sie sich so dermaßen schämen oder furchtbar schuldig fühlen. Ich glaube mittlerweile, und das sage ich auch jedem, der es hören kann, die totale Arroganz ist der einzige Weg. Die totale Arroganz, ob man nun recht hat, kein Recht hat, oder keines von beiden. Die totale Arroganz lässt die Selbstliebe-Zweifel hinter sich. Sie schlachtet, so paradox das klingen mag, ganz im Vorbeigehen, das „ihr Ego" und nur sie macht es möglich, dass überhaupt ein spiritueller Weg wirklich begangen wird. Und selbst im Bleibenlassen irgendeines Weges, auch im totalen Untergang, braucht es diese Arroganz. Ich sage den Leuten, dass sie darauf achtgeben sollen, dass ihre Arroganz noch die Erde überspannt, selbst wenn sie schon drei Meter unter derselben liegen.

• *Edgar Hofer:*

Was man über mich so alles erzählt... *g* - liegt wohl auch bissl im Auge des jeweiligen Betrachters... Und hey, ich kann mich da null dran erinnern, an 2007... ☺

Wegen der Arroganz... das ist so eine Sache, und ich kann gut verstehen, was du da meinst. In gewisser Weise ist die Wahrheit schon recht arrogant, jede Wahrheit ist letztlich arrogant. Sie erhebt sich über die Lüge. Über den Irrtum. Über Illusionen. Gleichzeitig ist sie auch ihr eigenes Grab und löscht sich am Ende auch selbst aus. Jede Wahrheit ist auch eine Wahrheit zu viel, und genau dort beginnt dann die Arroganz des Nichtwissens, welches milde über jegliches Wissen lächelt, über jegliche Wahrheit, jede Definition, jeden Versuch eines "Dingfestmachens", eines "greifen Wollens". Und dort löst sich die Arroganz auch wieder auf, im Erkennen, dass allein schon das "Erkennenwollen" ein riesiger arroganter Akt ist. Hinter jeder Suche steht ja dann die Frage "wieso gerade ich"? (... finden soll; das Leid beenden soll; ankommen soll... usf. usf.).

Letztlich geht es da schon um die totale Selbstliebe sozusagen. Die totale Selbstannahme. Und da geht's gar nicht darum, sich selbst größer zu machen, sondern einfach darum, das zu sein, was man eben ist. Da geht's natürlich auch darum, zu erkennen, Gott zu sein, das eine Selbst zu sein, gleichzeitig zu erkennen, das ewige Nichts zu sein... - und das ist ja nichts Persönliches, das ist ja was völlig Unpersönliches.

In dem Sinne erscheint es dann vielleicht jenen, die an "Egos" glauben, und daran, dass man diese "wegbekommen soll" (ein Lieblingsspiel des Egos), natürlich als "arrogant", wenn jemand überhaupt kein Problem mit seinem "Ich" hat. Das ist ja gerade die Grundlage einer jeden Projektion... - wenn der andere kein Problem mit etwas hat, was man selbst verurteilt. Das ist dann entsprechend "skandalös".

Und die Welt ist, und die spirituellen Wege sind, halt voll mit Urteilen und Bewertungen, was alles nicht sein darf. Und trotzdem ist. Und dazu zu stehen, kann dann vielleicht als arrogant wahrgenommen werden.
Aber auch das ist ja immer nur eine Seite der Medaille. Für mich gibt es letztlich keine Arroganz ohne gleichzeitige Demut. Kein Ankommen ohne vorige Aufgabe und Hingabe. Hochmut wird gedemütigt, und Demut erkennt sich selbst als Höchstes. Das sind letztlich spirituelle Naturgesetze. Das gleicht sich immer alles aus, was zu viel ist, fällt ab, was zu wenig ist, füllt sich auf. Die sich klein machen, werden erhöht, und wer sich erhöht, wird gestutzt. Das macht das Universum prinzipiell von alleine, aber wir spielen da alle auch entsprechend mit und unsere jeweilige Rolle.

Rücksichtnahme ist dabei ein sozialer Wert und hat auch seinen Platz im sozialen Umgang miteinander. Im Satsang gelten dann aber andere Regeln, da ist Rücksichtnahme, spirituell gesehen, eine Lüge, eine Täuschung. Kann man ab und an machen, und "lieb" sein zu seinen Zuhörern, aber das sollte nicht überhandnehmen. Schöne Worte und wahre Worte sind nicht immer dasselbe. Und wenn die Leute zu Satsang kommen, wollen sie eher das Schwert der Wahrheit sehen, oder gar spüren, und nicht so sehr liebliche Poesie, die möglichst nicht "stört". Da will man nicht eingelullt werden.

Aber auch da gibt's keine Regel, jeder Moment ist da immer wieder frisch und neu.

Wobei ich in Satsangs eigentlich einen recht "verträglichen" Ruf habe, und im normalen Leben bin ich sowieso eher ein unauffälliges, harmloses Lamm. Ich denke, du beziehst dich da nicht so sehr auf "Real-Life-Kontakte" oder auf Menschen, die mich tatsächlich gut kennen, von Angesicht zu Angesicht. Sondern eher auf meine frühere Foren-Tätigkeit im Internet, als ich dort mehrere Jahre diverse Satsang-Foren betrieb und moderierte.

Das sollte man aber nicht überbewerten, ich kenne kaum ein spirituelles Forum im Internet, wo es dauerhaft "friedlich" zugeht. Sowas ist halt "Diskurs" nach alter griechischer Philosophentradition... ☺ - und macht eine Zeitlang ja auch Spaß. Wenn man in dieser Tradition als "gefürchtet" gilt, ist das ja letztlich eine Ehre. ☺

Will sagen, ich bin arrogant genug, um mich von solch einem Ruf geehrt zu fühlen... ☺

Und ja, ich sag den Leuten auch am liebsten, sie können voll und ganz sie selber sein und sich annehmen, wie sie eben sind. Das ist der erste Schritt zur Entspannung. Und der erste Schritt für "echte" Erfahrungen (anstatt der durch den Schein gefakten).

"Liebe deinen Nächsten wie dich selbst", kann eben auch *nur* funktionieren, wenn ich mich selbst liebe. Liebe ich mich selbst nicht, hat auch der Nächste nichts davon. Da bleibt für ihn nicht viel übrig, wenn ich ihn genauso wie mich - nicht - liebe.

Das erste "Ego" das fallen muss, ist also das gefakte. Das ist der Teil, der vorgibt, gar kein Ego zu sein, oder gar kein Ego zu haben, oder selbst ja üüüüberhaupt nicht egoistisch zu sein... - all dies aber im Verborgenen natürlich ist. Bewusst oder unbewusst. Das erste "Ego" das fallen muss, ist also die MASKE, die wir vorspielen. Das freundliche Lächeln, wenn uns nicht nach Lächeln ist. Die Traurigkeit, die wir "den Umständen entsprechend zeigen", obwohl wir gar nicht traurig sind. Die Wut, die unterdrückt wird, weil das ja "emotionalpolitisch und spirituell nicht korrekt" ist.

Das erste "Ego" das fallen muss, ist also jenes, das unser eigentliches Ego, unser Ich, unser Selbst, so wie wir wirklich sind, so wie wir erschaffen wurden, verstecken möchte. Die Maske. Der Fake. Das Gejammere. Das Vorgespielte. Das Möchtegern. Der Schein.

Das ist das, was wirklich "Ego" ist (negativ gesehen). Der Rest ist Atman, ist Seele, ist Brahman, ist göttlich, ist die Weltenseele. Das ist die Nichtzweiheit von Ich und Gott, von Seele und Selbst.

Das größte Ego ist also jenes, das vorgibt, keines zu sein. Und dann mit dem Finger auf andere zeigt, und überall "Egos" sieht und postuliert. Es ist der Dieb der "haltet den Dieb" ruft. Der Geisterfahrer, dem lauter Geisterfahrer entgegenkommen. Letztlich also eine Art Spiegel.

Aber auch dieses Ego ist Gott. Und das ist ja letztlich der Witz. Der Joker ist der Joke. Und lacht am Ende über sich selbst.

• *Patrick Aigner:*

Frage 13
Ich mag die Frage schon nicht stellen, weil ich vor mir sehe, auf wie viele verschiedenen Arten, und wie einfach, sie niedergebügelt werden kann. Aber sei's drum!

Edgar, wie hält man es aus, Advaita Lehrer zu sein, was du ja auch bist? Wie hält man es aus, zu wissen, dass weit über 90 Prozent der Schüler niemals aus der ersten Klasse rauskommen? Wie hält man es aus, dass sozusagen überhaupt gar niemand in die dritte Klasse kommt, bis auf ein paar seltene Ausnahmen, die die Regel bestätigen. Vierte Klasse – wo denn? Wie hält man es aus, ständig unter dem eigenen Niveau arbeiten zu müssen? Nisargadatta hat im Alter oft darauf hingewiesen, dass er nicht mehr die Zeit hat, spirituellen Kindergarten zu spielen und hat sich somit schließlich geweigert… ja, spirituellen Kindergarten zu spielen. Ich muss ihn hier anführen, damit du mir nicht gleich wieder ins Es-ist-letztlich-eh-alles-egal-Land auskommst.

Wie hält man als Lehrer all die Demütigungen aus, die Leute von sich geben (müssen), die absolut keinen Plan haben und über Sachen sprechen, die sie sich halt irgendwie vorstellen?

Wie hält man es als Lehrer aus, zu wissen, dass das, was man empfehlen könnte um wirklich zu helfen, nicht angenommen werden wird? Dass sich der Schüler abwenden wird, sobald er sich auch nur einen Millimeter bewegen soll? Die Frage, auf die sich das alles zuspitzt, lautet: Willst du als Lehrer ein paar Schüler behalten, musst du sie belügen. Dann musst du dich weigern, ihnen zu helfen. Ich sehe gar kein Fragezeichen. Warum denn bloß?

• *Edgar Hofer:*

Das ist eine recht intensive Frage. Du stellst geile, tiefe Fragen. Selten, dass jemand solche Fragen stellt. Ich finde das interessant, dass du das von Nisargadatta schreibst. Das öffnet auch den Raum für so ein Thema. Ich mag Nisargadatta ja auch sehr... - er war ja auch ein Nath-Yogi und hat viele verschiedene Lehr-Phasen und Lehr-Gebäude durchlebt.

Über Buddha ist Ähnliches überliefert, nämlich dass er am Ende seines Lebens und Wirkens von seinem letzten Lieblingsschüler, Ananda, gefragt wurde, ob er alles gelehrt hätte, was zu lehren war, alles gesagt hätte, was zu sagen war. Und immerhin hatte Buddha zirka 50 Jahre lang gelehrt. Sie standen dabei in einem Laubwald, und es war wohl Herbst, und Buddha hob eine Handvoll Laub hoch, und sagte: "Wenn das Laub des ganzen Waldes die ganze Wahrheit wäre, dann habe ich euch gerade mal soviel davon gelehrt, wie ich hier in Händen halte."

Nun, zu deiner Frage, wie man das "aushält": Advaita-Lehrer oder überhaupt spiritueller Lehrer zu sein, ist ja nur eine Rolle. Ein Mantel, den man anzieht, und nach dem Satsang auch wieder an den Kleiderhaken hängt. Eine reine Rolle, ein Pullover, ein Kleidungsstück, letztlich eine Maske. Eine Form. Eine Funktion. Das, was ich bin, hat damit nur temporär zu tun. Wenn die Rolle beendet ist, sind auch alle Nebenwirkungen beendet. Alle Gedanken dazu. Und alle Gefühle. Meistens zumindest. Dann ist dann einfach wieder nur Nichts, oder Alltag, oder Kaffee kochen, oder Holz hacken und Wasser tragen, sozusagen. Oder einfach nur sein. Da sind keine Gedanken an solche "Probleme".

Wissen erscheint in der Dosis, wie es nötig ist, nicht mehr, nicht weniger. Und es drückt sich aus, wie es möchte. Und hat auch meist Freude daran. Würde nicht jemand wie du nun so eine - berechtigte - Frage stellen, würde sich auch nichts darum kümmern.

Will sagen: Als Lehrer muss man sich von solchen Gedanken eher lösen. Wenn das Lehren keine Freude mehr macht, dann beendet man eben das Lehren. So wie es Nisargadatta dann offenbar konsequent tat. Ich würde das genauso tun und manchmal ist da auch ein Impuls danach, und dann mach ich auch weniger oder sag sogar Termine ab.

Manchmal fühlt man sich, ja, wie im Kindergarten, aber auch dann ist da meist Liebe da zu denen, die man als "Kinder" wahrnimmt. Manchmal kann es auch ärgerlich sein, und dann wird dieser Ärger auch ausgedrückt. Manchmal fühlt man sich aber auch einfach vor Gott, und dann ist da nur Gott und stellt Fragen und tut so, als wüsste er nicht die Antwort. Ein Spiel. Das göttliche Spiel sozusagen.

Letztlich gibt es kein "weiter" und "weniger weit". Das ist alles dieselbe Essenz. Und diese Essenz hat ohnehin schon immer erkannt. Und ein anderer Teil wird ohnehin nie erkennen. Die einzelnen Formen kümmern mich da kaum - und das meine ich voll ernst. Ich schaue auf die Essenz - und die ist letztlich immer dieselbe. Und die muss überhaupt nichts erreichen, muss nichts verstehen und muss nirgendwo hin. Die ist schon "da".

Wer das verstanden hat, steht auf und verlässt das Klassenzimmer - für immer.

Die "lästigsten" Schüler sind also die, die bleiben... :-) (Ist aber nicht so, dass ich diese nicht wollen würde... im Gegenteil; auch das ist ja nur ein Spiel. Und sollte mir dieses Spiel irgendwann keine Freude mehr machen, werde ich es beenden, genauso wie Nisargadatta...).

Das heißt, wenn man als Lehrer den Anspruch hat, "verstanden werden zu wollen", dann hat man ein Problem *g*. Es ist ein Geschenk, wenn es geschieht. Egal ob das selten geschieht, oder häufig. Man sollte sich da nicht davon abhängig machen. Oft findet man im ganzen Leben nur einen einzigen (wirklichen) Meisterschüler. Siehe Tilopa, der hat ja auch nur Naropa gefunden.

Deshalb muss man eben gucken, dass man eine Form des Lehrens findet, die einen befriedigt. Ansonsten sollte man es erst gar nicht tun. "Unter Niveau" wird man ohnehin wohl *immer* lehren. Sonst hätte man auch kaum was zu geben. Wobei letztlich eigentlich ohnehin ausschließlich die Schüler das Niveau bestimmen. Selber hat man letztlich keines. Selber hat man eher eine Bandbreite oder einen gewissen Spielraum, in dem man sich bewegen kann. Und natürlich sollte man gucken, sich im eigenen Spielraum möglichst hoch bewegen zu können, ansonsten macht das ja auch nicht lange Spaß und Freude.

Dazu kommt, dass man fast automatisch dann auch jene Schüler anzieht, die dann auch niveaumäßig mehr abverlangen, und völlig klar, je höher, desto dünner wird die Luft, das ist normal. Quantität kann da dann nicht das Ziel sein, die wird dort, wo die Luft dünn ist, nicht erreicht. Dann ist man eben lieber eine "Speerspitze des Seins".

Andererseits, ja, manchmal ist es auch "zum Kopfkratzen" und dann ist das halt so. Da bekommt man einfach mit der Zeit eine dickere Haut, und, ja, mehr "Egalität". Das ist ja auch nur ein Spiegel, der einem immer und immer wieder zeigt, wo man "Dringlichkeiten" verspürt, wo man vielleicht selber einen "Messias-Trip" fährt oder "bekehren" möchte oder "überzeugen"... Das fällt einfach mit der Zeit langsam ab. Letztlich wird man da immer wieder zurückgeworfen an die Basis, ins Nichtwissen, in die weite, große Leere. Wo alles schon da ist, und wo nichts davon getrennt ist.

Auch das, also die "Verhaltensweisen der Schüler", sind eben nur ein Spiegel und dazu da, noch zu lernen. Also für den Lehrer dazu da, noch zu lernen! Eben zu lernen, ein Lehrer zu sein. Und kennenzulernen, wie es ist, ein Lehrer zu sein. Das ist ja auch nichts, was so von heute auf morgen sich vollendet, sondern ebenfalls eine Entwicklung, ein Prozess, ein Hineinwachsen ist.

Und ganz am Ende, logisch, steht dann auch, wie bei jeder Rolle, die Erfüllung und die Abkehr. Die Abkehr muss fast zwangsweise folgen. Es ist dann das Ende einer Reise, einer kleinen Schleife, die man ging.

Da also Aktien drin zu haben, ob etwas angenommen wird oder nicht, ob ein Schüler bleibt oder nicht... von alldem sollte man niemals abhängig sein. Sondern wie ein Vogel sein Lied singen, egal ob jemand zuhört. Wie die Sonne ihr Licht scheint, egal, ob sich da grad jemand sonnt und daran wärmt.

Solange die Suche nicht endet, bleibt ohnehin alles nur temporär. Alles nur ein Spiel der Bewegung. Wenn Innehalten geschieht, ist das dann ein Geschenk, und dafür hat man dann als Lehrer gar nicht viel getan. Indem der Schüler dann "verschwindet", verschwindet zeitgleich auch der Lehrer.

Ansonsten, ja, will man Schüler längere Zeit behalten, muss man ihnen wohl auch paar Karotten vor die Nase halten. Aber das tun sie ja meist selbst. Da hat man ohnehin lange damit zu tun, Karotte für Karotte zu entfernen. Und sobald man eine entfernt, ist die nächste da. Man könnte fast sagen, der suchende Mensch ist ein Meister im "Karotten manifestieren". Er will einfach laufen. Er will einfach suchen. Aber finden will er nicht. Zumindest ganz, ganz lange nicht. So schaut das meist aus Lehrer-Sicht aus. Darüber kann man lachen, weinen, lächeln, Witze machen... leiden oder es einfach hin nehmen. Egal was man macht, es ändert nichts daran, dass es so ist. Und letztlich ist auch das nur augenzwinkernd Gott.

Die Frage war, wie man das "aushält". Dieses Lehrer sein und nicht helfen können. Die Antwort ist: Solange es einen berührt, sollte man das Leid dahinter eben einfach spüren, selber spüren, spüren, spüren. Im Gefühl, dass man es nicht "aushält" dann eben "einfach" das Herz explodieren lassen. Total. Absolut total frontal. Totale Explosion des Herzens. Inklusive Anklage Gottes. Mitfühlender Bruder der Menschen werden. Die Geburt eines Bodhisattvas. Der Tod des Erleuchteten. ☺

(Edgar - Sannyas-Nahme Poona 1998)

• *Patrick Aigner:*

Danke Edgar, eine sehr schöne, berührende Antwort. Ich hätte da noch ein, zwei Nachfragen dazu: Ist es nicht so, dass Lehrer sein Schmerz bedeutet? Ist es nicht so, dass etwas sehr Wichtiges verlassen werden muss, um in die Rolle des Lehrers zu schlüpfen? Bedeutet dieses Verlassen nicht ein tatsächliches, ein wehtuendes Eng-Werden in der Brust? Ist es nicht dieses Eng-Werden, das man als Lehrer nicht fühlen möchte, sich also wieder davon befreien will? Ist es nicht dieses Eng-Werden, das Nisagardatta dazu gebracht hat, sagen wir es mal vorsichtig, recht laut und bestimmt aufzutreten? Kann man soweit gehen, zu sagen, dass du dir mit dem Lehrersein einfach schadest?

• *Edgar Hofer:*

Nein, Lehrer sein ist für mich nicht gleichbedeutend mit Schmerz. Im Gegenteil - ich mache das aus Freude. Würde das nicht so sein, dann würde ich's nicht machen.

Das, was du da vielleicht meinst mit "etwas sehr Wichtiges verlassen", das sehe ich eher umgekehrt als eine Anhaftung an einen Zustand. So hat mir das "Lehrer-Sein", (bzw. auch schon diverse Prozesse zuvor), geholfen, diese Anhaftung an bestimmte Zustände zu durchschauen und zu verlassen.

Natürlich kann man ewig z.B. im "No-Mind-Zustand" des Mystikers bleiben, jedoch sehe ich das - vor allem rückblickend - als ein Festhalten und auch als eine Manifestation von Angst. Als eine subtile Identifikation (z.B. mit der Nicht-Identifikation). Als ein subtiles Festhalten von Identität (in der Nicht-Identität).

Das kann man durchaus ewig so machen, das ist kein Problem und nicht per se "schlecht" oder "falsch". Aber dennoch ist es ein Irrtum... da man z.B. vor einem "Zurückgehen in die Matrix" Angst hat, in der Annahme, man könnte etwas verlieren oder gar wieder vergessen. Erst im Hindurchgehen durch diese Hürde bemerkt man, dass das kein "zurück" ist, sondern ein "weiter gehen". Dass man eben "daaaas" nie verlieren kann, so wie man es letztlich nie "gewinnen" konnte. Dass "daaaas" eben einfach immer ist und ewig ist und überall ist und gleichwertig in jedem "Zustand" ist. Gleich wertig, gleich heilig und gleich gültig (also im wahrsten Sinn des Wortes gleichgültig).

Vorher sind das, wie alles, nur Vermutungen, Glauben, Konzepte, wo es auch aus der Logik Gegenvermutungen geben kann - solange man auch das nicht erfahren hat, bleibt das ein reines Mind-Konzept.

Und so ist der Weg des Bodhisattvas eben letztlich kein "Zurück in die Welt", sondern ist das "Weitergehen des Buddhas". Und eigentlich, rückwirkend betrachtet, ist erst das echte Befreiung (von Zuständen und Bedingungen) - zumindest fühlt es sich so an.

Also nein, da ist absolut kein Leid im Lehrer-Sein. Was nicht heißt, dass nicht auch das Lehrer-Sein ups und downs kennt, oder auch menschliche Freude und menschlichen Ärger. Zu Zeiten ein Berührtsein oder/und auch Traurigsein. Nur all das hat nichts, absolut GAR NICHTS mit "Leid" zu tun.

Und selbst "Schmerz" kann hier willkommen sein und wird nicht ausgeschlossen. Das kann entweder ein süßer Schmerz sein, oder auch ein garstiger, heftiger, voller Mitgefühl mit irgendwelchem Leid der Menschen. Auch das ist willkommen und wird nicht zurückgehalten. Hier ist nicht ein WENIGER fühlen (oder gar "gar nix fühlen"), sondern im Gegenteil ein MEHR und MEHR an "fühlen". Und gleichzeitig macht dies eben immer weniger aus. Ist eben dann kurzes und intensives Mitgefühl. Und das eben wiederum im Herzen.

Mit diesem von dir beschriebenen "eng Werden in der Brust" kann ich da nicht viel anfangen. Das war vielleicht zuvor, lang, lang zuvor. Gerade das ist es ja, wo man "explodieren muss", gerade das erzwingt ja regelrecht "die Explosion des Herzens". Wenn dieses eng Werden gespürt wird, dann gibt es wirklich nur zwei Wege: Entweder das Lehrer-Sein lassen, oder das Herz explodieren lassen. Das ist das, was Ramana z.B. nannte "die Kundalini muss nach dem Aufstieg ins Herz rutschen" - symbolisch gemeint.

Und da ist kein Widerspruch zu "lautem und bestimmten Auftreten", klar. In gewissen Situationen ist auch das dann wichtig, ist authentisches Sein; die Energie darf frei fließen und wird nicht zurückgehalten. Im tiefen Wissen, dass genau das dann eben okay ist und genau so sein soll. Ich glaube nicht, dass da irgendein "eng Werden in der Brust" dafür verantwortlich ist. Ich glaube, da beschreibst du eher deinen eigenen Zustand in solchen Sachen, in solchen Prozessen, das, was eben du gerade dabei empfindest, und da ist auch das nur ein Abschnitt am Weg, eine Phase. Wo eben auch hinspüren der Weg ist, hindurchzugehen. Und jedes "nicht fühlen möchte" das Postponement. Du beschreibst in der Frage also dein eigenes "nicht fühlen Wollen" dieser Enge nehme ich an?

Ja, und gerade das ist dann der Schritt ins Mitgefühl, der Schritt ins Herz, er ist unausweichlich. Es ist das Mitgefühl mit "Mensch sein an sich". Mit "Trennungsbewusstsein an sich". Es ist das Ur-Mitgefühl mit allen Dingen, unabhängig von konkret manifestiertem Leid.

Und das *will* gefühlt werden, schreit regelrecht danach.

Also nein, der Gedanke, sich mit dem Lehrer-Sein "zu schaden" setzt Individualität voraus. Setzt Angst voraus. Setzt, wenn du so willst, Dualität voraus und duales Denken. Alles Dinge, die man z.B. als Satsanglehrer eigentlich transzendiert haben sollte. Im Gegenteil könnte ich sagen, dass das Lehrer-Sein letztlich vielleicht sogar der einzige Sinn ist, der ein "hier Bleiben" (als Mensch) überhaupt rechtfertigt. Das klingt übertrieben, aber zumindest ist es sinnstiftend. Und schenkt dadurch Freude. Man ist hingegeben, man ist Werkzeug.

Schadet es dem Baum zu baumen? Der Rose zu rosen? Dem Stein zu steinen? Schadet sich das Formlose, wenn es als Form erscheint? Wie kann es da überhaupt "Schaden" geben und für wen? Letztlich ist es völlig egal, wovon man träumt. Und auch das Lehrer-Sein ist nur ein Traum.

Also nein, ich kann da keinen Schaden sehen.

• *Patrick Aigner:*

Frage 14
Gestern habe ich, da ein Interview mit mir in ihr abgedruckt ist, den Weg zum Bahnhof nicht gescheut und mir eine spirituelle Zeitschrift gekauft. Das ist erst einmal weder gut noch schlecht. Ich setzte mich mit ihr an einen Seitentisch in eine Rockerkneipe und las brav all die Sätze nach, die ich so von mir gegeben hatte. AC/DC im Hintergrund. Bier und einen Jägermeister vor mir auf dem Tisch. Alles hat gepasst. Alles was da stand, hatte ich auch so gesagt, nur mit den einleitenden Worten war ich nicht so ganz zufrieden. Da versuche ich, so gut es geht, die Wahrheit zu sagen und werde dafür „provokant" genannt. Was für eine Welt… Also, mein Interview passte. Aber ich las weiter in dieser Zeitung herum. Weiter, bis es dunkel wurde und es geschah, was so häufig geschieht:

Ich höre immer Jesus. Jesus hier, Jesus dort. Und ja, ich habe mich sehr viel mit Jesus beschäftigt. Er ist immer eine ganz, ganz wichtige Person für mich gewesen – eigentlich ungebrochen seit Kindheitstagen bis heute… Aber, ich höre immer Jesus. Seine Worte. Dass sich jeder 08/15-Lehrer mit seinen Worten eine Vorstellung zusammen bastelt, kann nicht wirklich verübelt werden. Dass die Pfarrer, die Spezialisten für Wohnmobile also, das von sich geben, was sie halt von sich zu geben haben, ist auch klar. Selbst mir. Auch wenn ich es traurig finde. Auch wenn ich es mir anders wünschen würde. Auch wenn ich es uns allen anders wünschen würde. Aber in den Kirchen ist ja meist kein Gottesdienst und somit Platz genug, selbst für Patrick. Sehr viel Platz sogar. Sehr viel guter Platz…

Doch zurück zu den Worten des Mannes aus Nazareth und somit zu dem Punkt, an dem einen schon das Grausen packt, zu den Advaita-Lehrern der Sonderklasse. Haben sie denn wirklich keinen Plan? Oder kennen sie einfach die Evangelien nicht und pflücken das ein oder andere Zitat, das sie am Wegesrand finden, und fügen es, als kleines Gewürz sozusagen, halt einfach mal mit ein? Ein - in ihren Kessel Buntes? Ein - in ihren Kessel Braunes!

Kann man denn etwas falsch machen mit den Worten Jesu? Sicher, jede Menge aus weltlicher Sicht, aber das meine ich nicht. Wirklich, wären es nicht Advaita-Lehrer, würde ich ihnen ihr Geschwätz verzeihen. Aber sie sind es nun mal. Sie schreiben Bücher und Artikel darüber, geben Satsang und entblöden sich auch manch anderer Heldentat, denn so muss es schließlich in ihrem Fall genannt werden, nicht. Ja, ich mag sie.

Aber nun mal Butter bei die Fische! Es sind zwei Fragen, die beantwortet werden müssen. Müssen! Zwei Fragen, die auch aufs genaueste beantwortet werden können. Und zwar Frage 1: Was sind Jesus Worte wert? Und Frage 2: Was sind Jesus Worte im direkten Zusammenhang mit seiner Lebens- und Leidensgeschichte wert? Wer kann diese Fragen verstehen? Kaum jemand. Wer muss diese Frage verstehen? Ein Advaita-Lehrer! Oder dieser Advaita-Lehrer sollte die Füße stillhalten und jemand anderen zitieren, den er dann auch nicht versteht.

Ärgere ich mich darüber, dass sich hier ein Advaita-Lehrer nicht auf das Absolute ausrichtet und seine Schüler stattdessen von „Stufe 1" auf „Stufe 2" bringt? Um Gottes willen, - nein! Das hat seinen Platz und jemand muss es ja tun. Ärgere ich mich darüber, dass sich hier ein Advaita-Lehrer nicht auf das Absolute ausrichtet und seine Schüler stattdessen von „Stufe 2" auf „Stufe 3" bringt? Niemals! Ich wünsche ihm viel Glück und sehe ihn als einen wirklich gesegneten Mann an, weil er solche Schüler hat.

Der Fisch fängt in dem Moment zu stinken an, in dem der Advaita-Lehrer anfängt, vom Absoluten zu reden, und das Absolute dann mit Jesus Zitaten zu untermauern sucht. Was passiert da? Was ist das? Es ist der Offenbarungseid eines Advaita-Lehrers. Sein Ende! Seine totale Selbstvernichtung! Jedenfalls in den Augen Patrick Aigners. Es ist genau so, als würde man einen Bäcker sehen, der eine Schubkarre voll Kies in die Backstube rollt, um damit sein Brot zu backen! Der Mann ist draußen! Mag sein Brot schmecken, wem es will… Mir nicht!

Die Worte Jesu, reichen nicht an die vierte Stufe heran. Das haben sie nicht in sich. Da führt kein Weg hin. Aber... Aber! Aber, der Kreuztod, das Herabsteigen in das Reich der Toten und die Auferstehung von den Toten, sehr wohl. Jesus Worte ohne seine Geschichte sind nur die halbe Miete, und wären sie auch die dreiviertel Miete, würde es noch nicht reichen. Jesus, die Herrlichkeit des christlichen Glaubens, eröffnet sich erst durch die Geschichte des Mannes aus Nazareth. Und wer das nicht begreift, mag ein guter Bäcker werden, aber das Handwerk eines Advaita-Lehrers sollte er anderen überlassen.

(Edgar – Teneriffa 2012)

• *Edgar Hofer:*

Haha... wenn ich jetzt noch neugieriger wäre, als ich ohnehin schon bin, und in Deutschland leben würde, würde ich mir jetzt wohl die genannte Zeitschrift besorgen und gucken, wer darin von Jesus gesprochen hat und dich so erzürnte... ☺

Okay... ansonsten... ja... ansonsten würde ich mich auch zu jenen bekennen, die jetzt kein sonderliches Problem damit haben, sowohl A-Dvaita zu lehren, als auch 'wenn es grad passt, mal ein Jesus-Zitat zu bringen'. Warum auch nicht. Ich glaube auch, dass es die letzten zwei Jahrtausende wohl nur sehr wenige westliche spirituelle Lehrer gegeben hat, die in ihrem ganzen Leben Jesus *nicht* zitiert hätten. Das ist fast unvermeidlich. Also vor allem für uns hier im Westen, wir kommen aus dieser Kultur. (Doch selbst mein hinduistischer, durch und durch shivaitischer Guruji in Varanasi hat nicht selten auch über Jesus gesprochen). Und ich halte das persönlich auch für wichtig... - es ist gleichsam eine Versöhnung mit dem eigenen alten Glauben. Viele von uns gingen ja nach Indien, unter anderem deshalb, weil man in der eigenen Heimat keine für sich passende 'wahre Spiritualität' gefunden hat. Zu verkommen, zu verkopft, zu verpriestert, zu sehr ein leeres Lehrgebäude mit Runterbeterei von Floskeln. Geschichten, die man als kleines Kind schon hörte, und "tolle Wahrheiten" à la "er ging über Wasser" oder "aus Wasser machte er Wein" (heutzutage ist das ja sogar spirituell-politisch bei vielen unkorrekt und sollte geradezu umgekehrt sein), ach ja, und dann erweckte er sogar mal einen Toten, "wow". Dann starb er noch für unsere Sünden, kam als Zombie zurück und wurde dann von Außerirdischen abgeholt, so ähnlich ginge die Story wohl, würde man sie in ein knackiges US-Comic aus den Fünfzigern packen.

Tja, und dann haut man ab nach Indien und hört Sätze à la "wir sind alle eins", Geschichten über "bedingungslose Liebe" oder wendet sich buddhistischem Mitgefühl zu. Und manchmal geht's auch direkt um die Sache, gnadenlos um das Selbst, oder auch gleich direkt um Gott und der ist dann kein weißbärtiger Opa im Himmel, sondern tatsächlich "alles, was ist" und nicht jenseits, sondern "mitten unter uns".

Apropos Nikolaus und Weihnachtsmann: Auch Osho sprach ja viel von Jesus, in den ersten Jahren hat er ihn als völlig unerleuchtet in der Luft zerrissen, am Ende war er mit ihm versöhnt und one2one... - warum wohl?

Und so geht es auch jenen, die dann die Wahrheit "blicken", und schwuppdiwupp, schaut man dann noch mal zufällig in die alten Schriften, egal welcher Religionen, überall findet man sich plötzlich wieder. Wo vorher noch ein Widerspruch war, eine Unmöglichkeit der Verständigung, oft scheinbar das genaue "Gegenteil", ist nun in praktisch allen Traditionen das eine Eine zu erkennen. Das eine Keine, das keine Eine, überall dasselbe Selbige und Nichtige, das Licht der ewigen Wahrheit scheint dann überall durch, "selbst im Christentum".

Das ist das, wo die Inder sagen, dass man plötzlich "alle Schriften von innen kennt, auch wenn man sie nie gelesen hat". Weil all die Schriften eben nur Beschreibungen dieses Einen sind. Immer wieder. In verschiedenen Worten, von verschiedenen Blickwinkeln aus gesehen, mit verschiedenen Fingern und aus verschiedenen Richtungen deutend... - aber alle deuten auf dasselbe. Und das wird eben direkt wiedererkannt.

Und plötzlich ist es völlig lächerlich, über wasserwandelnde Schlittschuhfahrer nachzudenken oder über heilende Hände, sondern plötzlich erscheinen die Worte, die man eben nur aus z.B. Indien kannte, à la "wir sind alle eins" im Christentum als "Ich und der Vater sind eins", *päng*. Plötzlich liest du die Bibel und findest einen Gott, der mitten im eigenen Herzen wohnt, und nicht irgendwo auf einer Wolke im Himmel. Findest das buddhistische Mitgefühl mitten in der christlichen Nächstenliebe, dort sogar noch viel weiter entwickelt. Denkst noch mal über Worte wie "omnipräsent" nach, über Allgegenwärtigkeit.

Das ist die totale Versöhnung mit dem eigenen Ur-Glauben.

Wenn man das dann das erste Mal noch mal liest, wow. Da ist keine Erhöhung, sondern einfach nur der Respekt dann für diesen Mann. À la "Wow, er hatte es doch, er hatte es auch". Und dann, also DANN schaust du dir *vielleicht* auch noch mal den Lebensweg dieses Mannes an. Dann bist du geködert und guckst noch mal genauer, und wow, was hat der für eine Scheiße gebaut und welchem Wahn war er unterlaufen. Und gleichzeitig auch wow, wie weit ging er und was hat er ertragen und wahre Hingabe gelebt und gezeigt, inklusive Kreuzigung. Und da darfst du auch noch mal Mitgefühl für ihn haben, und du darfst dich auch noch mal über ihn ärgern, je nachdem, denn er war MENSCH (geworden).

(!)

Also ja, ich sehe in Jesus sogar jemanden, der ein Vorbild und Wegweiser sein kann, durchaus auch für Advaita-Lehrer, so man so will und offen dafür ist (ohne das sein zu müssen). Denn er ging in meinen Augen eben noch weiter, er ging ins "Param Advaita Land" ("Param Advaita" ist ein selten gelehrtes Konzept unter Nath-Yogis, Nisargadatta war übrigens auch ein Nath, hatte ich schon erwähnt).

Und "Param Advaita" ist nichts anderes, als eben vom Berg auch wieder *runterzukommen* - unter die Menschen, als Mensch. Wenn Erleuchtung die Gottwerdung des Menschen ist, dann ist ParamAdvaita und auch der Jesus-Weg eben die Menschwerdung Gottes, im wahrsten Sinn. "Er ist Fleisch geworden". Und "er starb als Mensch am Kreuz". Das ist so heftig schön, das ist so unglaublich tief, das ist einfach jenseits von allen Advaita-Zombies, die in ihrem "mich gibt's ja gar nicht" verharren und dabei jede Menschlichkeit verlieren (bis ihr Herz explodiert).

Jesus war in meinen Augen einer der ersten, der diesen mutigen Weg ging. Zumindest einer der ersten, wo das überliefert ist. Inklusive vieler Irrtümer, die dazugehören (und ebenfalls menschlich sind).

Und trotzdem, oder gerade deshalb, sehe ich da überhaupt keinen Widerspruch zu Advaita, zumindest zu dem, was ich unter Advaita verstehe, denn das umschließt alles, ist die absolute Nicht-Zweiheit aller Dinge und Nichtdinge und eben gerade auch die Nichtzweiheit von Gott und Mensch und die Nichtzweiheit von Alles und Nichts sowie Sein und Nichtsein. Deshalb sehe ich mich z.B. als Advaita-Lehrer, obwohl ich weder klassischen Advaita-Vedanta lehre, noch den typischen Neo-Advaita, da sehe ich mich weder als Anhänger des einen, noch als Vertreter des anderen.

Und so würde ich auch nicht gern ein Advaita-Lehrer genannt werden wollen, wenn mir dabei gleichzeitig z.B. nicht möglich wäre, über Jesus zu sprechen... - auf so einen "Advaita" könnte ich dann gut und gerne verzichten. Das wäre dann für mich ein hohler Begriff, eine reine Hülse, ein reiner Schmuck. Und wäre auch nicht mal wirklich Advaita.

Advaita schließt für mich Jesus nicht aus. Und Jesus nicht Advaita. Er geht sogar, nicht in der Lehre, aber im persönlichen Weg, noch über Advaita hinaus. Als einer der Ersten. Ist die personifizierte Fortsetzung, die Repersonalisierung Gottes.

Diese "Menschwerdung Gottes" halte ich für einen immens wichtigen persönlichen Prozess. Eben nicht oben am Berg zu bleiben, sondern zurückkommen zu den Menschen, inmitten von ihnen, die "Rückkehr in die Matrix". Aus dem Nichts zurück in die Welt, auf die Bühne. Jesus machte es vor und man könnte dies auch "Auferstehung von den Toten" nennen.

Frage 15

Religionen, Wege, Philosophien... Inwieweit hat das, was passiert, mit dem zu tun, was gesagt wird? Konkret: Sehen die Leute, bei denen spirituell etwas gegangen ist, klar? Oder ist ihr Sehen von ihrem Weg, den sie gegangen sind, bestimmt? Du zum Beispiel bist einen tantrischen Weg gegangen, und obwohl du von Advaita sehr viel Ahnung hast, klingen für einen „reinen Advaita-Mann" wie mich, die meisten deiner Antworten sehr tantrisch. Das, was passiert, passiert. Der Verstand möchte auch mit all dem spielen und bastelt eine Geschichte. Inwieweit ist also die Geschichte, die erzählt wird, abhängig vom Weg, der vorher gegangen wurde?

Anschließen möchte ich noch die Frage, ob das denn alles wirklich so gleich ist, wie hier jeder erzählt? Ich muss da ein wenig bei Adam und Eva anfangen: Patricks System, die Maschine Patrick mag geschlossene Systeme. Beispielsweise die Bibel, eine Modelleisenbahnanlage (die er nicht hat), Schach (das er nicht mehr spielt, weil er nicht aufhören könnte, darüber nachzudenken), oder ja, Advaita. In diesen geschlossenen Systemen fühlt sich Patrick wohl. Ja, sie sind genau das Richtige für Patrick. Beispielsweise interessiert es mich fast gar nicht, was irgendwelche Wissenschaftler über die Wahrheit einzelner Bibelstellen so von sich geben. Dafür interessiert es Patrick um so mehr, wie die Personen und die Gedanken innerhalb der Bibel miteinander verknüpft sind. Und welche der vielen geschlossenen Systeme Patrick ansprechen, kann ich auch nur sehen, aber nicht entscheiden. Kann quasi nur sehen, was da eh schon entschieden ist. Von daher hat also alles, womit ich mich beschäftige, viel mehr mit, nennen wir es mal Liebe, als mit Wahrheit zu tun, wobei die Wahrheit schon wieder eins der geschlossenen Systeme ist, die Patrick liebt. Für Patrick wäre es also nicht gut möglich, nur weil seine Augen sehr viele Ähnlichkeiten sehen, die Systeme, sagen wir mal zu Lehrzwecken, zu wechseln. Das wäre für Patrick einfach „nicht wahr." Und würde ich diese Unwahrheit leben, dann wäre es so, als hätte ich einen unsichtbaren Schalter in die falsche Richtung bewegt, in eine Richtung also, die mir nicht gut tut. Die Edgar-Maschine scheint hingegen vollkommen anders zu laufen…

• *Edgar Hofer:*

Zur ersten Frage: Ja, das kann schon sein, dass da die Wege auf die jeweilige Art zu Lehren abfärben. Da bedient sich das System, allein schon was Begrifflichkeiten betrifft.

Gleichzeitig ist es aber auch so, dass bei fast jedem Weg, der vorher gegangen wurde, mit der "wirklichen" Erfahrung auch all die Irrtümer und Illusionen wegfallen, die man vorher über den eigenen Weg hatte. Die Missverständnisse, die Vorstellungen des Verstandes, die eben nur "davor gestellt" waren. Erst danach sieht man dann meist, wie der eigene Weg *wirklich* gemeint war.

Und dadurch entsteht dann auch wieder eine neue, frische Art des Lehrens, selbst innerhalb der gleichen Tradition.

Und ansonsten, ja, sehe ich das alles schon sehr traditionsübergreifend. Für mich ist z.B. A-Dvaita die Vollendung des Tantra, das sind gar keine so unterschiedlichen Geschichten. Tantra lehrt die Dualität (von z.B. Shiva & Shakti, im Tao Yin & Yang, Bewusstsein und Materie/Energie, Fülle und Leere usw.), und Advaita hebt diese Dualität wieder auf.
Letztlich könnte man auch sagen, dass Advaita das eigentliche "Ziel" von Tantra ist, die Vereinigung von Shiva & Shakti. Nur dass dann eben erkannt wird, dass da schon vorher nie Trennung war, dass Shiva und Shakti immer schon eins sind, oder Nicht-Zwei. Und dann geht's von dort weiter, beginnt Advaita als Basis und diese Nicht-Zweiheit erstreckt sich über alle Dinge und Nicht-Dinge.

Ich sehe Advaita auch nicht als "Weg", den man gehen könnte - auch wenn er hier oft so gesehen, dargestellt oder so verstanden wird. Ich sehe ihn als reines Ergebnis und jedes Sprechen darüber als Bericht, und nicht als Anleitung. Advaita ist ein Modell, das dem, was eben wirklich ist, tatsächlich sehr nahe kommt. Als reines Konzept betrachtet, halte ich ihn für so nützlich oder wertlos wie jedes andere Konzept.

Und die diversen "Techniken", die z.B. in Satsangs und "Neo-Advaita" angewendet und unterrichtet werden, (z.B. Versenkung in Stille, Hinterfragung "Wer bin ich?", Versenkung in "Ich bin", Hinterfragung des Egos, Zuwendung zum Selbst, Zuwendung zum

Nicht-Selbst, Ablehnung aller Konzepte), das gibt es alles auch in vielen anderen Traditionen, indischen wie nicht-indischen. Manches davon stammt aus dem Jnana-Yoga, Ramana wiederum war gleichzeitig ein großer Bhakti, lebte hingegeben an Shiva-Arunachala, vieles aus dem Advaita findet man auch im Buddhismus, Moses nannte seinen Gott "Jehova", was so viel heißt wie "Ich bin der ich bin", was wiederum von Ramana stammen könnte... - war Moses deshalb Advaitist? Die Grenzen sind aus meiner Sicht also immer schon rein fließend gewesen.

Wobei ich trotzdem auch sehr scharfkantig zwischen z.B. Monotheismus und Advaita unterscheide. Es ist die herausragende Leistung des Advaita (Konzepts), eben die Dualität zu transzendieren. Die Gegensätze eben zu *vereinen*. Viele andere "nondualen" Lehren lösen das "Problem der gegensätzlichen Wahrheiten", also das Problem der Polaritäten und Widersprüchlichkeiten einfach damit, indem eine Seite der Medaille zur absoluten Wahrheit, und die andere Seite zur Illusion erklärt wird. Das ist letztlich einfach, aber billig, und vor allem eben nicht all-um-fassend. Sondern befriedigt einfach nur den normalen menschlichen Logikverstand in seinem Trachten nach einfach zu verstehenden "Entweder-oder-Lösungen".

Da sind dann duale Ansätze wie Tantra, Taoismus etc. noch besser, wenngleich diese dann oft zu sehr in der Huldigung der Polaritäten hängenbleiben. Und lustigerweise werden gerade die monotheistischen Religionen in ihrer Erklärungsnot dann sehr schnell wieder "dual" und (er)finden sogar noch einen Gegenspieler zu Gott.

Das macht übrigens das Neo-Advaita auch, da heißt es dann "das böse Ego" oder "der böse Verstand" - und schwupps haben wir wieder Erwachte und Unerwachte, die guten ins Töpfchen, die schlechten ins Kröpfchen. Alles im Namen von "Nondualität". Hier muss mir nun ein herzhaftes *rofl* erlaubt sein... ☺ - da wurde dann der Teufel durch den Beelzebub ausgetrieben.

Ich finde es deshalb einfach wichtig, frisch zu bleiben und "selbst zu schauen", und aus dieser Schau dann zu berichten. Dass dabei immer dasselbe geschaut wird und sich somit die Berichte gleichen, ist weder Zufall noch verwunderlich, sondern eigentlich letztlich zwingend. Auch wenn sie dann natürlich durch den eigenen Weg gefärbt sind, was ebenfalls wohl unab-änderlich ist, egal wie dieser Weg aussah.

Und viele Berichte sind auch nur sehr "Zustands-bezogen" (also im Sinne von bestimmten spirituellen Bewusstseinszuständen). Und als solche beschreiben sie dann eher Zustände, und nicht absolute Wahrhei-ten. Und diverse solcher sich ähnelnden Zustände gibt es eben in allen möglichen Traditionen und Wegen, und so werden sich auch da die beschreibenden Worte gleichen.

Was mich aber noch interessieren würde, ist, was du als "reiner Advaita-Mann" unter "Advaita" verstehst. Also das ist jetzt definitiv eine Gegenfrage... ;)

Das interessiert mich auch insbesondere deshalb, weil du da von "geschlossenen Systemen" sprichst, die Patrick mag. Allerdings... ich sehe Advaita eben z.B.

überhaupt nicht als System, als Sache an sich, sondern als Beschreibung von etwas anderem. Von dem, was ist. Von der Wirklichkeit. So wie ein Stadtplan eben, oder eine Landkarte. Und da darf man dann nicht die Landschaft mit der Landkarte verwechseln.

Mir geht es mit Advaita so, dass ich die Wirklichkeit schaue (bzw. schaute), unabhängig von Advaita-Konzepten. Das ist so, wie wenn man durch eine Landschaft geht. Und später dann gibt mir jemand eine Landkarte, also eine Beschreibung, und ich guck drauf, und erkenne "oh, da wird ja das Land beschrieben, durch das ich eben gegangen bin". Und so kann ich dann diese Landkarte benutzen, um anderen den Weg in dieses Land zu weisen.

Aber die Landkarte selbst hat da keinen Selbstzweck. Das würde für mich jetzt nicht viel Sinn machen, wenn da nun jemand mit dem Finger die Landkarte abfährt, und meint, er würde durch das Land gehen. (Obwohl da Google Earth schon nahe hinkommt, *g*).

Ähnlicher Vergleich mit einem Kochbuch: Ein Rezept zu lesen oder zu lernen ist nicht dasselbe, als es zu kochen und ist nicht dasselbe, als es zu kosten und zu essen.

Wobei ein Kochbuch, und auch eine Landkarte, in gewisser Hinsicht ja auch eine Anleitung ist. Das sehe ich aber bei Advaita nicht mehr so. Hier kann ich die Anleitung nicht so erkennen. Da sehe ich hauptsächlich nur den Bericht, die beschreibende Sprache.

Deshalb meine Nachfrage, was du da überhaupt als "geschlossenes System" verstehst. Die Landkarte oder die Landschaft? Weil, die Landschaft kann für mich nie wirklich geschlossen sein. Zur selben Landschaft kann es Karten von verschiedensten "Anbietern" geben, gleich den spirituellen Traditionen wären das bei Karten z.B. Google Maps oder Open Maps, oder was es nicht alles gibt. Google Maps wäre dann ein "geschlossenes System". Die Landschaft selbst aber ist es nicht. Die Landschaft selbst existiert unabhängig zu ihrer Beschreibung. Unabhängig von den Karten. Lange vor allen Karten.

Die Landschaft kann beschritten werden und kennt letztlich keine Grenzen. Eine Karte (vor allem z.B. eine ausgedruckte Karte), hat klar definierte Grenzen. Ist das Papier aus, endet die Karte. Die Landschaft allerdings geht weiter. Auch wenn sie auf der Karte nicht mehr abgebildet ist.

Weshalb es eben auch ein Param Advaita gibt... ☺

Und es gibt ein riesiges Problem übrigens mit Landkarten: Sie haben so einen Mechanismus in sich, der sich "selbsterfüllende Prophezeiung" nennt. Das ist das Gefährliche an (spirituellen) Landkarten. Wer sie abgeht, wird meist genau das finden, was sie versprechen. Und oft nicht mehr und nicht weniger. Und das erzeugt auch eine Komfortzone. Man lässt das "Unbekannte" außen vor. Aber gerade dort wird es erst so richtig interessant.

Das kann einem nicht passieren, wenn man ohne Landkarte das Land erforscht, in reinem Schauen und reinem Staunen und ohne Wissen.

Was natürlich tödlich enden kann... - für den Wissenden. Den Unwissenden neu gebärend. Und der kann ja danach immer noch gucken, ob er das Geschaute in diversen Landkarten wiedererkennt. Und, oh Wunder, gleichen sich nun alle Karten.

Aber das ist vielleicht nur die Sicht eines EntDeckers. Andere sind lieber KartoGrafen, WegWeiser oder einfach BeSiedler. Jeder hat da letztlich seine Rolle nach seiner Art.

• *Patrick Aigner:*

Ok, Edgar. Deine Frage, was ich als reiner Advaita-Mann unter Advaita verstehe, ist eine reine Theorie-frage und kann doch als solche sich nur in Worthülsen erschöpfen. Aber mir ist es, als könnten sich alle dies-bezüglichen Fragen sozusagen als Nebenprodukt einer anderen Frage beantworten. Vielleicht wird uns bei-den dadurch sogar unsere „Andersartigkeit" beim Thema Advaita ein wenig erklärlicher.

Die Frage, von der ich mir all diese Wunder erwarte, lautet: Was bedeutet für Patrick Aigner Advaita? Und ja, es ist eine völlig andere Frage, als die, die du mir stelltest…

Aber bei Adam und Eva anzufangen, reicht hier nicht mehr aus. Um selbst irgendwie an diese Frage ran zu kommen, muss ich schon zu Adam und Lilith zurück. Und ja, mir ist es, als hätte ich auf diese Frage gewartet, vielleicht darauf gewartet Auskunft zu geben. Gut, dann mache ich es hier im Rahmen dieses Interviews…

In Patricks Leben gab es zwei Momente. Zwei Momente, nach denen nichts mehr so war, wie vorher. Den ersten dieser Momente hatte ich, als ich mit 16 zum ersten Mal in eine der beiden Coburger Szenekneipen kam. Szene, das bedeutete hier Hippies und Punks, Kiffer und Pillenfreaks, ein paar linke politische Leute und Musiker und Trinker und Dichter sowieso… Jeder war ein Dichter, es war herrlich.

Dieser erste Abend, eigentlich dieses erste Mal mich durch die vollgestopfte Kneipe zu drücken, veränderte mein Leben vollkommen. Der Hammer ist, ich war seit der Geburt mit Bob Dylan, den Stones und den Beatles umgeben und sogar mit Bukowski Geschichten. Ich kam also nicht aus einem Elternhaus aus dem vorletzten Jahrhundert. Und doch war alles anders. Und doch war da eine ganz neue Welt. Es kam da Leben ins Leben und ich war sowas von in die Welt geschmissen und gleichzeitig sowas von zu Hause in all dem. Ich habe noch immer eine sehr große Liebe für diese Leute von damals, für diese Zeit. Sicher schreibe ich auch aus ihr heraus und in sie hinein. Manchmal reise ich zurück und setze mich neben Richie, der ganz begeistert von meinen Gedichten war, und der dann wenig später, voll mit Speed, irgendwo am Rande einer Bundesstraße sein Ende fand.

Jedenfalls wurde mir das so erzählt. Namen, die mir ewig bleiben. Näher bleiben, als so manche Lebenden. Irgendwie schreibe ich auch für sie. Als einer von ihnen sozusagen. Als einer von denen, die noch leben. Für die Wahrheit eines Momentes vielleicht, der schon weit mehr als ein halbes Leben zurückliegt.

Ja, Edgar, ich brauche dir sicher nicht zu erzählen, wie es in engen Szenen zugeht, was so alles passiert, wie alles auseinander fliegt, manches sich wiederfindet und dann doch nicht mehr zusammenpasst. Ja, ich möchte verstanden werden. Sicher ist das auch ein Antrieb, überhaupt zu schreiben. Doch von wem will ich verstanden werden? Nur von mir? Nur von dem Einen, der vielleicht in ein paar Jahren kommt, für den meine Schreibe dann wirklich hilfreich ist? Und ist dieser Eine nicht dann doch der junge Patrick, für den ich schreibe? Der junge Patrick, dem ich es ein wenig einfacher machen will. Ein wenig Mut machen will, trotzdem weiterzugehen. Ihm ein wenig von seiner Angst nehmen, falsch zu sein? Ihm zu sagen, dass das Falschsein richtig sein wird, wenn man nur weitergeht? Dass am Ende all das Falsche genau das Richtige war, um anzukommen. Anzukommen an einem Anfang. Den Eingang in ein richtiges, in ein eigenes Leben, wie immer es sich auch dann zu spielen vermag…

Edgar, du siehst, ich taste mich ran. Es ist eine sehr intime Frage und ich würde mir leichter tun damit, zuzugeben, wie oft ich schon keinen hochbekommen habe, oder auf was für abwegige sexuelle Spiele ich stehe. Abwegige sexuelle Spiele – ein Widerspruch in sich…

Aber weiter. Ich hatte damals also Raum bekommen. Einen Raum, den ich hätte nutzen können, wenn ich es damals gekonnt hätte. Aber ich hatte den Inhalt nicht dazu. Politische Leute konnte ich wahnsinnig machen mit meiner Subjektivität, den Trinkern war ich wohl zu weich und zu verträumt in meinen Springerstiefeln, die pseudofreakige Kifferfraktion verursachte mir Brechreiz. Also blieben mir die Pillenleute. Sie waren sicher am härtesten drauf, aber das ist, wie alles andere, natürlich wahr und unwahr zugleich. Eigentlich waren es ganzjährige Satsang-Veranstaltungen in ein oder zwei privaten Wohnungen dieser Stadt. Jahre später las ich dann bei Samuel Beckett Dialoge, die aus diesen Wohnungen hätten einfach mitgeschnitten worden sein können. Ist das alles irre! Kunst findet statt und diese Leute hatten meist kaum etwas zu essen. Kunst findet statt und keiner da, um sie festzuhalten, aufzuschreiben, sie zu verkaufen, reich zu werden, sich ein Boot zu kaufen und abzusaufen damit. Kunst findet statt und diese Leute waren Kunst. Sie machten sie, weil sie sie waren. Jetzt schon könnte ich abbiegen. Abbiegen in Richtung "Was bedeutet Advaita für Patrick?" oder auf die Frage „Was bedeutet Patrick für Advaita?" …auch eine sehr, sehr gute Frage.

Aber mir liegt etwas dran, weiterzuerzählen. Also, ich hatte Raum, aber keinen Inhalt. Bei den Pillenfreaks gab es außer der Meinung zu Musik und dem Willen immer mehr, oder wenigstens so viel Drogen wie immer heranzuschaffen, eigentlich damals nur Neti-Neti. Frauen spielten da überhaupt keine Rolle und Karriere und so… nein, das war ein anderer Planet. Ein Kunstplanet, auch wenn einige von uns damals so richtig in echt starben. Und es wird niemals der Tag kommen, an dem ich mich sagen höre, dass das Leben auch nur des Übelsten von diesen Leuten, weniger wert gewesen wäre, als irgendein braves Was-Auch-Immer... In keinster Weise... Und spirituell gesehen, schon gar nicht.

Also, ich hatte diesen Raum, und die Szene gab es dann so Anfang 20 nicht mehr für mich. Ich konnte diesen Raum bei anderen erfühlen, konnte erfühlen, ob sie ihn auch hatten oder nicht... Und nur die wenigsten hatten ihn. Ich aber ließ ihn brachliegen. Manchmal im Suff schien er aufstehen zu wollen, dieser Raum, aufzuerstehen und alles um mich rum totschlagen zu wollen, alles in Scherben treten, und das Trinken nahm zu und das Arbeiten und das Trinken und das Arbeiten. Das waren die bleiernen Jahre. Von Anfang 20 bis Anfang 30. Zwischen 26 und 30, so kommt es mir vor, habe ich 1500 Mal denselben Tag gelebt. Arbeiten, Familie, Wohnung, Trinken, Arbeiten, und ich lernte zu hassen, abgrundtief, bis hinein in die Selbstzerstörung.

Heute weiß ich, dass das Hassen richtig war. Heute weiß ich, dass die großen Alles-Hassenden die großen Verehrenden sind, wenn sie auch nicht wissen, was sie jemals werden achten, werden verehren können.

Mitte 30 traf ich dann Monika. Nach über 17 Jahren mit Birgit, also eine neue Frau. Ich wollte alles von dieser neuen Beziehung. Sie sollte mir Sinn des Lebens sein... mindestens... Oh man, Edgar, ich sage dir...

(2006 Patrick mit Monika in Coburg)

Meine Eifersucht feierte fröhliche Urständ, und ich weiß nicht genau, ob meine Fähigkeit zu Hassen, die soweit ging, mich dem Dunklen an den Hals zu schmeißen, in meiner Ohnmacht aus Eifersucht und dem Gefühl, in die Falle geraten zu sein, (ich war zu Monika gezogen), der alleinige Auslöser war, jedenfalls hatten wir die Wohnung voll mit Dämonen. Nicht meine persönlichen Dämonen. Echte Dämonen. Geister und dann auch Engel. Ich weiß, wie es ist, in allen Ecken des Zimmers gleichzeitig zu sein. Ich weiß, wie es ist, wenn sie dir Macht geben und ich weiß, dass sie dir diesen zweifelhaften Mut geben, der die Angst vor dem eigenen Tod aufhebt.

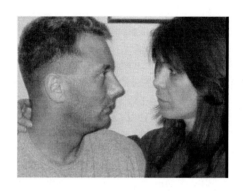

(2006 Patrick mit Monika in Coburg)

Es gab Nächte, da konnten Monika und ich uns nicht mal mehr von der Seite anschauen, weil uns aus dem Gesicht des anderen die Fratzen der Hölle anstarrten, und wir hatten das Gefühl, sie könnten jeden Moment herausspringen und, und... und.

Sechs Jahre zuvor hatte ich angefangen, mich recht ernsthaft mit dem christlichen Glauben zu beschäftigen, recht ernsthaft in dem Sinne, dass ich versuchte, das zu leben, das ich meinte, aus der Bibel herausgelesen zu haben. Allein darüber könnte ich ein Buch schreiben... vielleicht mache ich das noch mal...

Die erste Geister- und Dämonennacht, die während des Sex ausgelöst wurde, war dann aber das, was ich als meinen Eintritt in die Spiritualität bezeichne. Ich wollte schon schreiben: am folgenden Tag... Aber es gab keinen folgenden Tag, denn an Schlafen war nicht zu denken. Am Morgen also hängte ich mich ans Telefon und rief jeden Menschen an, der mir verdächtig genug erschien, über den von uns erlebten Wahnsinn etwas wissen zu können. Das waren gar nicht so viele, denn ich wollte vorher, grade mit diesen Leuten, grade auch vor meinem „christlichen" Hintergrund, nichts zu schaffen haben. Also, ein paar Kartenlegerinnen und eine Frau, die sich mit Tischchenrücken beschäftigte. Ganz durch Zufall geriet ich noch in derselben Woche an eine Kundin (ich war damals selbständig, Fenster, Türen, Rollos…Verkauf und Montage), die sich mit so etwas tatsächlich ganz gut auskannte. Sie machte Engelseminare und ich habe sie, nachdem der Auftrag abgewickelt war, komischerweise auch nie mehr gesehen. Jedenfalls, da es ein Verkaufsgespräch war, und wir es gleich prima mit einem Ausflug verbinden konnten, war Monika dabei. Lange Rede, kurzer Sinn, nach dem Gespräch waren wir dann endgültig im Spiel. Wir fingen an Bücher zu kaufen, zu reden, ich beschränkte das „echte" Arbeiten auf die Sachen, denen ich nicht entgehen konnte, und so sollte es für über sechs Jahre, in denen ich mit Monika in einer „Zweierbeziehung" war, auch bleiben. Aber ich greife vor…

(Patrick mit Monika, Berlin U-Bahnhof,
September 2007)

Eigentlich konnte ich diese ganze „esoterische Scheiße" nicht leiden, und hatte außerdem eine Höllenangst
vor dem Grauen, das ich schon seit Kindertagen kenne, das mir ohne jedes Weinen die Tränen nur so über
das Gesicht schießen ließ… Und ja, ich war am
Wechseln. Am Wechseln zwischen dem Interesse für
diese „zauberischen" Dinge und dem Johannes in mir,
der im Jordan steht und die reine Lehre predigt…
damals die Lehre, die ich für mich christlich genannt
hatte. Ach, Edgar…

Aber es ging Schlag auf Schlag. Ich denke, es war durch ein Buch von Hermann R. Lehner, in dem ich Ende 2005 auf Zitate von Nisargadatta Maharaj stieß. Dann kaufte ich „ICH BIN" (Teil 1).

Dann kaufte ich „ICH BIN" (Teil 1). Ich weiß es noch wie heute, nach ein paar gelesenen Seiten gingen die Lichter an. Irgendein Scheiß Erleuchtungs- oder Gewahrseinslicht? Nein! Ein inneres Strahlen, ein Kerzchen im Herzchen? Nein. Es war wie in amerikanischen Spielfilmen oder bei so manchem Rockkonzert, wenn ein Licht nach dem anderen angeht. Eine lange amerikanische Lagerhalle und ein lautes KLACK und KLACK und KLACK und KLACK.
Hatte mich der fucking innere Sadguru damals schon am Kragen? Wenn ja, dann aber nur mittelbar, und zwar mittelbar über etwas, das mein Leben nun zum zweiten Mal veränderte. Das erste Mal, damals in der Szenekneipe, bekam ich das, was ich, mangels besserer Worte, einfach Raum nenne. Und hier, jetzt in diesem zweiten Moment, fand das statt, was ich meine dritte Geburt nennen könnte. Was, um Gottes willen, könnte so toll sein, dass es der Menschmaschine Patrick ein Herz mit 1000 PS einpflanzte? Einen Antrieb, den ich in meinem bisherigen Leben niemals erfahren hatte... Eine Verbissenheit, die in ihrer Schönheit heller strahlt, als alle Leichtigkeit der Welt...

Das Denken. Ich bekam das Denken geschenkt. Ich bekam mein Denken geschenkt. Zurück. Endlich zurück. Nach einem ganzen Leben, wie mir damals schien, bekam ich das, wonach ich immer suchte. Es war irre. Da war jemand, der so dachte wie ich. Und weiter! Und um so viel weiter! Gott ja, ich kannte schon damals ein wenig gute Literatur und auch Nietzsche war mir nicht fremd... Aber, im Namen aller Heiligen, was ist schon Nietzsches Denken gegen Advaita im Sinne eines Nisargadattas? Und ich ritt diesen Drachen, während er mich fraß, und ich liebte ihn auf eine Art, wie ich seit Kindertagen nicht mehr geliebt hatte. Ich hatte (und habe) Nisargadattas Bild neben mir und sah ihn an vor dem Einschlafen. Ja, ich ging auch durch dies Foto und ja, ich ging auch durch Nisargadatta, auch wenn das niemand verstehen wird, der es nicht kennt. Ich ging durch sein Foto. Ich ging durch seine Worte. Erleuchtung? Leck mich am Arsch! Ich höre auf Nisargadatta, und wenn er mich in die Hölle bringt, dann ist das genau das, was ich will. Erleuchtung? Den Dreck soll fressen, wer auch immer will, ich bleibe bei ihm. Bleibe bei Nisargadatta Maharaj und seiner Lehre. Und wenn dieser Körper hier einmal ins Grab fällt, dann möchte ich, dass mir sein Bild mit beigefügt wird. Dies ist die Krone, die ich tragen werde und will... sein Bild.

(Patrick 31.12.2006 in Kronach)

Nun aber weiter… Während also Monika weiterhin alles Spirituelle quer durch den Gemüsegarten las und liest, ging es bei mir nur noch mit Maharaj in die Tiefe. Es war und es ist so, als würde ich jeden einzelnen Gedanken Nisargadattas, ähnlich wie eine Kartoffel in einem Eimer, einzeln in den Keller tragen. In meinen Keller. Sobald beim Lesen etwas auf „Resonanz" ging, legte ich das Buch weg und blieb mit dem Gedanken und ließ ihn wirken. Das mache ich noch heute so. Heute, wo ich längst erkannt habe, dass das, was für viele ein Weg ist, mir zur Heimat geworden ist. Vielleicht ist das bei mir so ähnlich, wie es einmal Marcel Reich-Ranicki von sich sagte, dass er seine Heimat in der deutschen Literatur hätte, und dass es außerhalb davon für ihn keine Heimat gäbe.

Von daher verstehe ich, wenn Karl Renz sagt, dass er sich gerne hinten rein setzen würde, wenn nur jemand das tun würde, was er macht. (Dann bräuchte er es selbst nicht mehr zu machen… und er könnte es einfach genießen.) Aber es tut keiner. Und nein, Edgar, es ist nicht alles dasselbe. Und Papaji ist nicht Nisargadatta. Und Ramesh Balsekar ist es ebenso wenig. Aber, Karl Renz ist es. Er ist die Melodie, die auch Nisargadatta gespielt hat. Vielleicht geht es mehr um Schönheit, um Kunst, um Form… Vielleicht ist es aber auch der innere Sadguru, der in die Schönheit, die Kunst, die Form, verliebt ist. Und nein, Edgar… gar nichts ist dasselbe…

• *Edgar Hofer:*

Du bist bisschen wie ich, nimmst eine Frage und "machst was draus", was Schönes, egal ob das nun die Frage wirklich beantwortet, oder weit darüber hinaus geht. Ich tick da ähnlich. Jede Frage ist letztlich eine Gelegenheit... eine Gelegenheit über das zu sprechen und zu singen und zu fliegen.

Schön, wie nah dir Nisargadatta geht und ging, wusste ich gar nicht so. Hast du auch jene Bücher von ihm gelesen, die erst vor paar Jahren erschienen sind, ich glaube aus seinen letzten Lebensjahren (lange nach "Ich bin"). Muss aber selbst sagen, ich hab sie nicht gelesen, aber nur Gutes über sie gehört. Letztlich habe ich nur "I Am That" voll von ihm gelesen, vor vielen Jahren, auf Englisch (mir gefällt ja der englische Titel viel besser, als der verkürzte Deutsche).

Du hast am Ende zweimal geschrieben "nein Edgar, es ist nicht alles dasselbe" - da bin ich mir nicht sicher, worauf du dich beziehst? Auf den Finger oder auf den Mond?

Ich sehe das auch so, dass der Ausdruck der verschiedenen Lehrer und deren Schwerpunkte schon sehr verschieden sind, und das ist auch gut so. Jede Blume blüht anders und kann durch ihren Duft eben wieder entsprechende Menschen anziehen - und da ist es gut, wenn es eine Vielfalt gibt.

Ich bin da genauso wenig wie du der Ansicht, dass da die Lehrer alle gleich oder austauschbar wären oder "über dasselbe" (aus meiner Sicht: Denselben Aspekt)

86

sprechen. Und gibt auch viele unterschiedliche Sichtweisen und Blickwinkel auf "das" - und auch verschieden tiefe Vertiefungen. Das wollte ich nur an-
merken, weil ich mich bissl unwohl damit fühle, wenn
man glauben würde, ich hielte alles für "dasselbe".
Einfach, weil dem nicht so ist. Da hätte man mich
missverstanden und ist mir deshalb wichtig, dies an-
zumerken... ;)

• *Patrick Aigner:*

Das ist alles sehr schön so, und letztlich kann man
nicht entscheiden, welche Blume dem eigenen Auge
am besten gefällt. Bestenfalls kann man es ehrlich
wahrnehmen, auch wenn das oft genug das eigene
Leben vollkommen durcheinanderbringt, so es denn
dann auch gelebt wird, im Sinne von „go for it". Irgendwann hatte ich dann gemerkt, dass ich nur noch
Durcheinander da habe und das ist schon etwas Schönes. Da lässt dann alles sich selber los, will sagen,
wenn alles durcheinander ist, neutralisiert es sich in
sich, und so manche Tore sind plötzlich da, die man
vorher zumindest nicht sehen konnte. Totales Durcheinander... Ich find's gut.

• *Edgar Hofer:*

Kann ich gut verstehen, mein geheimer Künstlername ist ja Swami Allahs Durchananda... ☺

• *Patrick Aigner:*

(Smile)

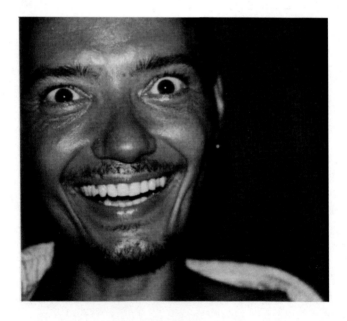

(Edgar in Indien, 2000)

• *Patrick Aigner:*

Frage 16

Edgar, du sagtest bei einem Satsang, dass weiße Magie genauso Bullshit wie schwarze Magie ist, dass eben jede Einflussnahme letztlich eine Art von schwarzer Magie ist.

Als ich das damals hörte, hat es mir sehr gefallen, denn das Thema hatte ich bisher nur von einer Warte aus betrachtet. Von der Warte eben, dass mich beides auf der relativen Ebene gefangen hält. Das habe ich natürlich abgelehnt, und somit nicht weiter darüber nachgedacht.

Das war sozusagen der Versuch, die totale Blödheit nicht noch blöder zu machen... so als könnte man das... Blödheit blöder oder weniger blöd machen. Ja, da dachte ich noch, das eine hätte mit dem anderen etwas zu tun. Oder besser, das EINE hätte mit dem anderen etwas zu tun. War Käse, aber so läuft es halt. Und bevor du mir jetzt wieder mit der „Anhaftung an die Nichtanhaftungskeule" kommst und ich dir darauf wieder nicht sagen würde, dass die Anhaftung oder Nichtanhaftung beides Teile eines Planeten sind, der mich absolut nicht betrifft, den ich nicht einmal kenne, von dem ich noch nicht einmal gehört habe, werde ich nun fortfahren, dich über eben diesen Planeten zu befragen.

Stichwort Magie. Die Frage ist, was will ich alles nicht wissen... Also, nun mal ganz vorsichtig... an diesem Buch vorbei gefragt, sozusagen... den Leser schonend und es trotzdem zwischen den Zeilen verstecken… Aufschreien entgehen, sozusagen. Oder dann doch lieber gleich mit der Brechstange? Yeah! Ich höre die ersten Töne von Jumping Jack Flash über mich kommen… Das ist ein gutes Zeichen…

Ist nicht alles, nachdem man in die Welt zurückgekommen ist, Magie? Das war feige, Patrick. Willst du denn wirklich eine feige Sau sein? Nicht in diesem Bereich! Nein, hier nicht! Also Patrick, formuliere die richtige Frage du Schwachmat. Leute stellt dieser Herrgott ein, es ist nicht zu glauben… der muss sich noch wundern…

Also...
Ist es nicht eine völlig andere Welt, in die man zurückkommt, wenn man in die Welt zurückkommt? Eine Welt, in der einfach alles magisch ist, wenn man nicht die Anstrengung unternimmt, die Augen davor zu verschließen, und sich mittels Sex und Alkohol in ein, dem alten ähnlichen, Welterleben zu verkriechen? Kommt man nicht beim Zurückkommen in die Welt, in die Welt, in der Engel und Wanderer stattfinden? Genau in die Welt, aus der sie damals schon gekommen sind, genau auf die Wege, auf denen sie gelaufen sind, als sie uns in unserer alten Welt besuchten? Bekommen wir also, letztendlich genau das geschenkt, genau die Welt geschenkt, die wir uns so wünschten? Die Welt, die schon immer unsere Heimat war und unter deren Nichtvorhandensein wir so sehr litten? So sehr, dass wir an der "echten" Welt, die uns umgab, kaputt gingen? So sehr, dass wir sie loslassen mussten? Ja, mussten, denn das kann man nicht wollen… Alles magisch?

● *Edgar Hofer:*

Ja.

Also einfach nur "Ja" gesagt.
Ich nehme an, das befriedigt dich jetzt nicht sonderlich, wenn ich einfach nur "Ja" sage? *g* - Oder doch... Oder: Befriedigt es mich nicht ganz, weil ich meinen Senf gern dazugeben möchte... ☺

Prinzipiell also erstmal "Ja". Das ist vor allem auch das, was am Anfang geschieht... - man kommt zurück in eine Welt voller "Automagic": automatischer Magie. Die Magie geschieht dann von selbst, ohne dass man dazu was tun müsste, weder diese noch jene Magie, sondern direkt und unmittelbar im Jetzt "aus Zauberhand". Ohne eigentlichen Magier, der Magier "genießt und schweigt", sozusagen. Wie früher beim Sex. Nun ist es Sex mit dem Universum, ohne sexuell zu sein. Außer es ist grad sexuell - und auch das voller Magie.

Die "alte Welt" hat letztlich genauso ausgesehen. Es war dasselbe Setting, materiell gesehen, der gleiche 3-4-D-Raum. Aber man hat "das Wunder dahinter" nicht gesehen gehabt. "Den großen Magier". "Die große Magierin". Das Weltenwunder. Das Eine. Und die Vielen. Formen und Erscheinungen und... ja, einige davon könnte man auch "Engel" nennen, es gibt da sogar einen alten Text von mir, den ich vor mehr als 10 Jahren mal schrieb, als jemand danach fragte. Da kamen sogar "Engel" vor. Obwohl ich normalerweise gegen "Engelphantasien" wettere. Vor allem, wenn sie nur Phantasien sind, oder nur im Geiste erscheinen.

Ich hab's dann nicht mehr groß verfolgt, darüber zu schreiben, dieses Denken ist der Satsangszene ja sehr fern. Aber ja, sie erschienen mir physisch, und nicht nur das, ich wurde selbst zu einem. In der totalen Hingabe ohne etwas "für mich" (also für Edgar-in-Person) zu wollen, sondern hingegeben an das Göttliche, bzw. an das göttliche Spiel Leela, mit einem großen "bitte nutz mich" - zum Wohle anderer - "wie auch immer du gerade möchtest". "Ich gehöre Dir", sozusagen "Dein Wille geschehe". Und so war es dann auch. Einfach ein hingegebener Körper, der durch "das" benutzt wird.

Ich erkannte damals dann bald, dass wir auch auf "Mind-Ebene", also Geist-Ebene, bzw. auch Verstandes-Ebene, wirklich "eins" sind und verbunden sind. Und diese Verbindungen sozusagen benutzt werden und auch die Formen untereinander unbewusst, aber permanent, telepathisch kommunizieren. Die Gedanken geschehen da an einem Ort jenseits unseres individuellen Gehirns, übertragen sich, Hilferufe sind möglich und eine perfekte magische Maschine ist "am Arbeiten".

Und ja, dadurch erkannte ich auch, was jene wohl sahen damals, als sie das, was sie sahen "Engel" nannten. Man kann gut dazu "trippen", je nach Space und Erklärungsmodell und Interpretation sehen die einen Engel, andere sehen Außerirdische, wieder andere vielleicht Dämonen und Besetzungen... das ist ein endlos weites Feld und "das" spie(ge)lt uns genau das vor, was wir sehen möchten, was unsere Erwartungshaltung erschafft, durch Energien sowohl der Freude, als auch der Angst, gute und schlechte "Realitätstrips in 3D". Das alles hier wie ein riesiges Holodeck.

Alles verbunden... alles Eins... und alles Keins zugleich. Viele Marionetten an einer einzigen Schnur. Ne, an unendlich vielen gleichzeitig. Gleichzeitig spielend auf vielen verschiedenen Bühnen, Dimensionen und Ebenen. Wahrnehmungen und Für-Wahr-Nehmungen, gleichzeitig heiß und kalt und schwarz und weiß und bunt und grau.

Ja, "alles magisch".

Und selbst diese magischen Welten sind nicht beständig, nicht beständiger als die Welt(en) zuvor. Sie entspringen, wie du ja schriebst, unseren alten Wünschen, bewussten als auch unbewussten. Und sind die "schönen Wünsche" erfüllt, dann kommen die weniger schönen Wünsche dran, die angsterfüllten. Jene, die wir uns gar nicht wünschen, sondern die wir fürchten. Das gehört einfach zum Prozess mit dazu. Zur Auflösung der... hatten wir schon von "Anhaftungen" gesprochen? (*lol*). Scherz beiseite, und ich will auch kein Spaßverderber sein... - kennst du die Bardos? Aus dem Tibetischen Totenbuch? Die "Zwischenzustände" nach dem Tod, die Zwischenreiche, auch "sechs Daseinsbereiche" genannt?

Als ich das das erste Mal gelesen hatte (nach meiner Erfahrung des (K)Eins-Seins), rubbelte ich mir die Augen... Da standen, recht exakt beschrieben, all die "Reiche" und "Zustände", in denen ich mich danach wiederfand. Dort verpackt als Zwischenzustände "zwischen den Inkarnationen", also nach dem physischen Tod. Und ich erkannte, dass das in Wirklichkeit eher eine Beschreibung ist über die individuellen Prozesse und Wahrnehmungsebenen, die man nach dieser "spirituellen Todeserfahrung" erfährt und durchwandert.

(Wobei ich natürlich ohnehin nie zweifelsfrei sagen könnte, ob dies hier nicht einfach nur ein "After-Life-Traum" ist, aber da verließe ich nun das Thema und beweisen lässt sich so was ohnehin nicht - ich glaube es nicht, aber das ist Privatglaube und letztlich bedeutungslos).

Du stellst Fragen, die sehr intensive Texte erzeugen.
Ja, alles magisch. Noch immer. Man gewöhnt sich daran.

• Patrick Aigner:

Danke Edgar, für diese großartige Antwort. Ich habe ein paar Tage gebraucht, um das alles zu verdauen und um das alles mit meinen Erfahrungen abzugleichen. Dabei entstand und verging so manch bunter Strauß aus Fragen. Die Erde, will sagen, meine Welten, bebten, und das nicht nur einmal.

Und ja, ich gebe es zu, ich hatte dich unterschätzt. Vielleicht habe ich auch darum ein paar Tage gebraucht, bevor ich hier weitermachen konnte. Ich musste erst einmal schlucken und durchatmen. So richtig fertig bin ich damit noch nicht, aber sei's drum…

Du Drecksack (laut), du Drecksack (laut), du Drecksack (sehr laut), du Drecksack (sehr, sehr leise…)

Du Drecksack hast mich jetzt also am Haken und mir bleibt die Wahl zwischen dem, was man einen Gesichtsverlust nennt und… Ja, was wäre das Zweite? Das Zweite wäre ein furchtbarer Gesichtsverlust, denn ich würde vor mir selber das Gesicht verlieren. Also bleibt mir nichts anderes, als, zwar bewaffnet bis unter die Zähne und mit geballter Faust in der Tasche, zuzugeben, was Sache ist.

Sache ist, dass ich am Anfang des vierten Zustandes bin. Im Reich der Toten, oder wie ich es nenne, im toten Reich. Freilich passt dieser Name nur, wenn er aus dem ersten Zustand, also von der relativen Ebene aus betrachtet wird. Will er sich, der vierte Zustand, aus sich heraus erklären, dann wäre das "der schwarze Block". Ich sage, dass ich am Anfang bin, weil ich gelesen habe, dass man dort sieht, wie alles aus dem heraus entsteht und ich diese Erfahrung (noch) nicht teile. Meine bisherige Erfahrung ist, dass alles was entsteht, neben dem Block ist, wie in einer Seifenblase, die dem schwarzen Block mal näher kommt, mal weiter von ihm weg geht, meist aber gar nicht da ist. Und diese Seifenblase, also der Behälter für alles, was ist, ist viel kleiner, als der „schwarze Block". Und er, der schwarze Block, ist alles und doch ist da noch ab und an diese Seifenblase…

Ups, es kann ganz schön zugig werden, wenn man die Hosen runterlässt… mag ich gar nicht… und bin ganz und gar stolz auf mich.

Und ja, seit der Block erschienen ist, wache ich des Nachts häufig von meinem eigenen Geschrei auf, bin also zumindest in den Träumen dem Bösen ausgeliefert. Und ja. Ich weiß damit nicht mehr weiter. Die Träume gleichen sich in ihrem schlimmsten Moment total. Und sie sind nur eine kleine Weiterdrehung von den Alpträumen, die ich eh schon die letzten Jahre über habe.

• *Edgar Hofer:*

Hat mich berührt deine Antwort. Hab sie auch wirken lassen, einfach nur Stille. So sein in dem, was ist. Nichts verändern wollen. Brüderlichkeit. Und da hör ich dann einfach nur zu.

• *Patrick Aigner:*

Ja.
Punkt.

Die Nachfragen zu deiner letzten Antwort werden nicht weniger. Lust, mich zu beschränken, habe ich auch keine. Na dann sehen wir mal…

In der magischen Welt scheint es manchmal so, als ob ich auch magisches Wissen einsetze, ohne es zu kennen. Nach dem ersten Mal kenne ich es ja dann und weiß eigentlich nicht, ob ich es nutzen darf. In der Bibel steht, du sollst die Hexen nicht leben lassen.

Das lese ich für mich innerlich. Ich also soll die Hexe, den Hexer, in mir nicht leben lassen. Andererseits ist da auch ein Verlangen in mir, wenn ein Wissen erscheint, mich dem hundertprozentig zu bedienen und das Wissen als Teil der momentanen Totalität zu nehmen. Aber auch mein Wissen um das Bibelzitat ist ja ebenso Teil der momentanen Totalität... Hinzu kommt, dass dies Wissen eigentlich ausschließlich zur Vermehrung der Damen in meinem Umkreis führt...

Sagen wir es mal so... Seltsamerweise ist auch mit dem Erkennen des Toten Reichs ein gar wunderlich Parfüm über mich gekommen, das die Damen scheinbar dazu bringt, mich zu mögen. Und das hat mit meinem spirituellen Gequatsche gar nichts zu tun und mit spirituellen Frauen auch nichts. Und ja, ich nehme es auch anders, nehme sie auch anders, nehme mich auch anders und ich weiß nicht wirklich, ob das alles einen Wert hat, oder ob ich mich von etwas Wichtigem abhalten lasse, etwas Wichtigem, das ich vielleicht vergessen habe...

• *Edgar Hofer:*

Zunächst... ich würde da, und das ist nur als Tipp gemeint, nicht unbedingt die Bibel zu etwas erheben, dem ich mich beugen müsste. Es ist viel Schönes in der Bibel, aber auch viel Schwachsinn. Vor allem das alte Testament wurde ja von vielen verschiedenen Quellen gespeist (auch wenn die eine Quelle immer dieselbe ist, aber die ist sie überall; auch bei Fehlern;

auch scheinbare "Fehler" und "Irrtümer" stammen aus derselben Quelle, da es ja nur eine Quelle gibt).

Das heißt, eigentlich will ich damit nur sagen, dass ich für mich nur das eigene Gewissen und bestenfalls die eigene "direkte Beziehung zum Göttlichen" als Führung nehme. Und selbst da ist nichts fix, manchmal können das Gedanken sein, manchmal Gefühle, manchmal Hingabe an das Innere und manchmal Hingabe an das (scheinbar) Äußere.

In einer voll und ganz magischen Welt sich der Magie zu entziehen, wird wohl auch nicht klappen... :-) - nur unterscheide ich da zwischen der Magie, die eben geschieht, der Kraft, die diese ermöglicht und dem scheinbaren Magier, der diese "tut" oder "herbeiwünscht".

Und grade was diesen Magier betrifft, hab ich erkannt, dass das Ganze, also "der eine große Magier" (nenn es Gott, Göttin, oder wie du willst) viel besser weiß als "ich", was gut für "mich" (und für alle/s) ist. Dessen Magie - und das ist das, was ich "Automagic" nenne - ist einfach viel größer und umfassender und weitreichender als alles, was ein einzelner sogenannter "Magier", also menschlicher Magier, tun könnte.

Und so fällt dann alles tun und einmischen ab und man genießt die Show. Die einem bereitet wird. Die weit über alles hinausgeht, was man sich als kleines Menschenhirn vorstellen könnte, also davor stellen könnte. Oder was man phantasieren könnte, ist also phantastischer als jede Phantasie. Oder was man schon mal erlebt hat, selber aufwärmen und wiederholen könnte. Ist also frischer als jede schon widerfahrene Er-Fahrung. Oder was man sich zurechtwünschen könnte, auf Basis von Erzählungen "anderer", oder aus Film und Roman rausklauen könnte.

Nein, Gott ist nicht so klein.

Der wirkliche Drehbuchautor und Regisseur hat da gänzlich andere Mittel parat, und Handlungsstränge, von denen wir noch nie was hörten. Kennt noch nie gesehenes Gold, noch nie gefühlte Gefühle, noch nie gesehene Einsichten, noch nie begangene Wege.

Und apropos Wege, kennt er auch Erfüllungswege für unsere Wünsche, von denen wir gar keine Vorstellung haben (können), ist dabei hyperkreativ, jenseits all unserer Kombinationsmöglichkeiten, bedient sich aus dem Reich des Nichtwissens und Nichtahnens.

So gibt man alles ihm... "Herr dein Wille geschehe".

Trotzdem ist da natürlich der Magier als Menschenperson, der sich vielleicht etwas wünscht und es dann vielleicht auch "bekommt", ohne dass er dazu was tun muss, ohne dass er überhaupt wünschen muss. Ja, da gehen vielleicht Wünsche in Erfüllung, die man schon längst abgeschrieben hat, werden Pakete mit Jahren Verspätung geliefert, wenn man nicht mal mehr dran dachte und oft auch ohne dass man sie überhaupt noch will.

All das ... ja... - doch kein *tun*. Kein Ritual. Kein Sigill. Noch nicht mal ein Bild, keine Visualisierung, gar nichts. Weil all das für den "großen" Magier nicht nötig ist.

Und weil die "kleine" Magie, die "Magie des Ichs" ohnehin nur das Ego aufblähen würde, bis es platzt, ja platzen muss, weil es ein "Besen Besen, seid's gewesen" gar nicht kennt, nicht kennen kann. Weil es im Rausch sich selbst aufpumpt und glaubt, die Ursache des Wirkens zu sein. Was es auch ist - aber anders, als es wirklich wollen würde.

Eben weil all das... kann man sich's sparen. Zu viel Mühe und letztlich Verblendung pur. Und verpassen der eigentlich großen Show. Wobei, wirklich sparen kann man sich's wohl nicht.... - aber durchschauen kann man's, und zurücklassen.

Die Damen...

Die Damen schnuppern das Parfum der Leere, des Nichts, des einfach sein Könnens, des "da seins", des "hier seins", des "anwesend seins" (von Achtsamkeit und Präsenz). Genauso wie des "abwesend seins" (des Tuers und Wollers).

Sie schnuppern diesen seltenen Duft des "so sein lassen Könnens". Und manchmal gewürzt mit Kundalini, die von selber tut und Energien weckt ohne Zutun und Wollen, von selbst, sei es in den unteren Chakren, sei es im Herz, oder sei es einfach nur in der stillen Begegnung von Augenblick zu Augenblick, eins zu eins, ich zu ich, selbst zu selbst und nichts zu nichts.

Resonanz. Immer wieder Resonanz. Und solange es kümmert, kümmert es halt, und das ist auch okay so. Da bist du dann einfach ein Werkzeug und Mittler, genieß es. ☺

Und ja, also JA, das *hat* einen Wert. Natürlich nur einen relativen Wert. Einen absoluten Wert gibt es ja nicht (!)

Und sei es also nur dieser relative Wert des Moments, der dann kommt und geht. Und falls dich das von etwas abhält, also vielleicht von dir abhält, dann ist auch das nichts "Wichtiges"... ;)

Alles, was wichtig ist, kommt wieder. Nichts Wichtiges geht je verloren. Und letztlich ist alles immer schon verloren, und letztlich kommt niemals etwas wieder und letztlich ...

... ist immer nur das wichtig, was jetzt ist. Und nie, nie, nimmer, gehört dir irgendetwas davon.

Und real: Alles hier ist immer wieder nur Ablenkung, ist doch klar. Und das Ablenken selbst ist die Heilung vom abgelenkt werden. Indem es verbrennen darf. Und verbrannt wird es im Prozess der Ablenkung. Da gibt es keine Eile. Solang da Ablenkung ist, ist sie willkommen. Will gelebt werden. Bis sie sich ausgelebt hat und verbrannt ist. Es gibt hier nichts zu erreichen und nichts zu überspringen. Alles was gelebt werden will, will eben noch gelebt werden.

Für mich sind Vasanas kein Feind. Nichts, was man abtötet oder zerstört. Sie sind etwas, wo man hindurchgeht, und sie durch das Hindurchgehen hinter sich lässt. So sehr, bis sie keine Ablenkung mehr sind und kein Interesse mehr hervorrufen. Das ist spirituelles Hörner abstoßen.

Wir haben hier endlos Zeit. Eine Ewigkeit lang. Es gibt keine Eile. Das Leben ist schön.

• *Patrick Aigner:*

Bevor ich zur eigentlichen Frage komme, habe ich da mal eine kurze Frage vorweg. Echte Arbeit mit Chakren habe ich nie betrieben, aber ich habe so einiges über sie gehört und habe sie auch als gegeben hingenommen, habe sie z.T. sehr deutlich wahrgenommen. Nun scheint es aber so, als ob das, was ich den Tod und das tote Reich nenne, infolge seiner Begegnung mit sich selbst, das ganze Chakrensystem verändert hat. Wenn überhaupt, sind die Chakren nur noch Eingänge und alles was an Gefühlen/Energie passiert, breitet sich sofort im ganzen Körper aus. Man könnte es auch anders formulieren: Vor dem Tod hatte ein Gefühl einen lokalisierbaren Platz, z.B. den Solarplexus. Nach dem Tod gibt es eigentlich gar kein Gefühl der alten Art mehr, sondern einfach Energie-Wellen, die durch den ganzen Körper, und scheinbar auch darüber hinaus, laufen. Die ersten Video-Nächte waren voll der Knaller, denn durch die Filme kommen ja jede Menge Emotionen rüber. Bemerkt habe ich auch, dass in dem „Wellen-System" nichts mehr weggedrückt wird. Es haut alles voll rein… voll durch…

• Edgar Hofer:

Ja. Genau so würde ich das auch beschreiben. Wenngleich, ich würde das dann nicht mal mehr den "Chakren" zuordnen, sondern ist einfach Energie, die "durchgeht". Und auf keinen oder kaum Widerstand mehr trifft. Einen dadurch nicht mehr "ergreift" im Sinne "zum Handelnden macht" - indem man was damit tut, oder indem man es verdrängt oder weghaben möchte oder davonläuft ... - sondern es geschieht einfach ein Fühlen und Erlauben und "Durchströmen". So wie du es beschreibst, auch hier.

Es ist wie ein "mehr fühlen denn je", intensiver, ohne etwas zurückzuhalten oder zu schützen. So gesehen werden die Gefühle intensiver erfahren, aber auch oft entsprechend kürzer, ohne ein Hängenbleiben daran. Und gleichzeitig machen sie weniger aus. Es ist, als würde der Raum genauso größer werden wie die Intensität. Und man ist immer "knapp über dem Ertragbaren" (im positiven wie im negativen gesehen). Und mit der Intensität steigt auch das "Ertragensvermögen".

Und ja, bei Filmen kenn ich das auch gut. Ich fühle da viel, viel, viel mehr als früher, alleine durchs Zusehen. Ohne dass ich was dagegen tun könnte (*g*). Hilflos ausgeliefert sozusagen, wissend, dass es Illusion ist, und das ist letztlich total geil. Totales Lachen, totales Weinen, alles einfach TOTAL.

Ich kenn auch die Phase, wo man überhaupt nichts mehr ernst nehmen kann, permanent als Beobachter, ja eigentlich als "kritischer" Beobachter, eben so einen

Film wahrnimmt, und immer dann, wenn man erkennt, was der Regisseur jetzt für Gefühle "auslösen
möchte", lacht man sich bestenfalls einen ab ... und
irgendwann kann man nicht mal mehr den Handlun-
gen solcher Filme folgen, weil das permanente Bewusstsein über die Illusion auch hier da ist (und da
wird's ja dann zu einer Illusion innerhalb der "Meta-
Illusion"). In dieser Phase hab ich dann Filme überhaupt nicht mehr genießen können. Ich fühlte weniger
und weniger und alle Gefühle waren "transformiert".
Bis dass dieser Beobachter dann endlich auch gestor-
ben ist, sozusagen. Also die Identifikation mit diesem
"reinen Schauer", dem Zeugen. Der halt nur bezeugt
und nix mehr dabei fühlt. Weil er alles weggeatmet
hat.

Und nach dieser "nichts mehr fühlen Phase" kommt
die "alles total fühlen Phase", ohne dass die Gefühle
wirklich was ausmachen, ohne dass man sie persönlich nimmt, aber man genießt sie und sie sind einfach
da und schlagen voll durch, so wie du beschreibst.
Seither waren auch hier Filme wieder geil und span-
nend und lustig und traurig und fürchter-lich und und
und... - viel mehr als je zuvor. Sehr peinlich anfangs,
wenn man - also vor allem Mann - dann wegen jedem
mickrigen Scheiß anfängt zu heulen und sich dann
beim Heulen einen ablacht. Aber was soll's, würde das
nicht mehr missen wollen. Und plötzlich schaut man
sich Dinger an, wo man früher eher nen großen Bogen
machte oder was man in seinen "ach so spirituellen
Zeiten" längst hinter sich gelassen hatte.

Ich find das cool. Und ja... einfach Zustimmung...
alles viel intensiver und geht einfach durch wie eine

Welle. Um Welle um Welle um Welle um Welle. Es wellt. Und jede Welle ist voll wellkommen. ☺

• *Patrick Aigner:*

Frage 17
Du hast weiter oben im Text gesagt, dass du dich auch als Lehrer siehst für „danach". Andererseits gibst du ja keine Ratschläge, wie in den, auch von dir erwähnten Bardo-Texten, im Sinne von gehe-hier-hin, vermeide es da-hin zu gehen. Mich zum Beispiel hat es voll schockiert, dass gerade nach dem „Tod", dem „Schwarzen Reich", das Einzige, was überlebt zu haben schien, die Energie in meinen sexuellen Gewaltphantasien war. Eine grenzenlose Öde, in der nichts wichtig, wertvoll, sättigend mehr ist, und mittendrin ein Turm, eine Säule der Aggression. Und selbst die zeigte sich erst, nachdem ich wochenlang mit meinen Höllenhunden, mit dem Tier in mir, in jeder freien Stunde Reise um Reise unternommen habe, will sagen, mich in meinen Gewaltphantasien ergangen, mich fast zu Tode onaniert habe. Diese Säule, von der ich spreche, war erst eine quadratische, sich nach oben verjüngende Steinsäule auf, einem die Erdscheibe bedeckenden Stoppelfeld der Belanglosigkeit von allem was ist, war oder jemals sein könnte. Innerhalb weniger Tage wurde sie zu einem Turm und ich merkte dann, dass ich mich ihr/ihm nähern kann. Als ich bei ihr war, stand sie als dunkle, in sich irgendwie lebendige, Säule vor mir und ich konnte, ohne dass da eine Tür gewesen wäre, in sie eintreten. Von innen wurde sie als „Liebe" erkannt und wurde

wieder zum Turm, der daraufhin anfing auseinander zu fallen. Doch die Ziegel, die Steine waren „Liebe" und sie verschwanden im Herunterfallen, noch ehe sie den Boden berührten. Als der Turm nicht mehr war, war da ein roter Kreis am Himmel, vielleicht eine Kugel, die größer wurde und größer...

• *Edgar Hofer:*

Wow. Schön! Und so mutig hineinzugehen. Und so mutig, davon zu berichten.

Letztlich, als ehemaliger Tantriker, hab ich ja auch immer gern den Exzess geliebt. Nicht so sehr die Überschreitung, aber doch schon auch, und vor allem die Ausschweifung. Vieles was ich tat, tat ich total. Also in einer Totalität. Und sehr oft war die Totalität für mich dann am Ende heilsam. Es war ein Hindurchgehen, durch die Erfahrung hindurch, durch die Hölle hindurch, sogar durch den Himmel hindurch. Also auch hier - symbolisch - das "excedere", das 'über etwas Hinausgehen'. Letztlich sogar über die Erleuchtung hinausgehen.

Ich hatte Glück, es waren nie Gewaltphantasien dabei. Aber ein paar Horrortrips hab ich schon auch durch, denn alles, was in dieses System reinkommt, das will auch wieder raus. Will ans Licht. Ins Licht des Bewusstseins. Möchte verbrennen im Fegefeuer. Möchte zu Asche werden, um mich zu erlösen. Den fliegenden Phönix, der ja eigentlich mitverbrannte.

Und ja, die Kraft, genau diese Kraft kann das Feuer sein. Es ist eine Kraft, eine innere Kraft, wahrlich ein Turm, der aber einfach nur Kraft ist. Sich verquer in Aggression zeigen kann, wenn die Kraft nicht gelebt wird und unterdrückt wird. Aber letztlich, sie selbst, diese Kraft, die ist einfach nur reine Kraft ohne Wertung. Ist, für uns Männer als männliche Kraft des 3. Chakra, leider in der Gesellschaft oft unterdrückt, eben weil sie sich durch Unterdrückung dann schnell pervertiert zeigt. Und deshalb wieder unterdrückt wird... ein böses Ringelspiel, wo sich die Katze in den Schwanz beißt. Psychologisch gesehen.

Aber genau die Befreiung dieser Kraft in ihre strahlende Neutralität ist dann die Kraft, die uns das "JA zum Leben" schenkt und zum "JA Hier-bin-Ich-und-hier-stehe-ich". Das ist dann wirkliches energievolles Hier-Sein und Hier-Stehen. In Ruhe. In Kraft. Präsent. Wie ein... Turm... ;)

Und ist dieselbe Kraft, die uns ein energievolles "Nein" schenkt zu "Nein-das-will-ich-nicht". Die uns Tun-im-Einklang-mit-Willen ermöglicht, und letztlich mit Gottes Willen. Und auch Verweigerung ermöglicht. Es ist die Kraft der Macht und es ist auch die Kraft der Revolution. Recht logisch, dass diese Kraft unterdrückt ist, nicht wahr?

Und welch ein Geschenk, wenn sie einfach da sein darf. Ohne dass man damit was tun muss. Denn letztlich dient sie uns sozusagen zur "Selbst-Verteidigung". Das klingt blöd... aber es ist jenes scheinbar "individuelles" Selbst, das sich da verteidigt in seinem Wollen und Nicht-Wollen. Das, was uns erlaubt, wahrhaft "ja" zu sagen und "nein" zu sagen, authentisch zu sein. Letztlich, ja, reine Liebe. Die ist ja nur eine Chakra-Etage höher angesiedelt und kann sich oberhalb dieser Kraft frei entfalten.

So, bevor ich nun völlig in shivaitischer Pathetik verloren gehe, lese ich deine nächsten Fragen...

• *Patrick Aigner:*

Frage 18
Als achtzehnte und letzte Frage dieses Interviews eine dieser Fragen, die man in keinem spirituellen Buch finden wird, in einem esoterischen schon gar nicht. Eine Frage also aus dem Laub, das nicht in Buddhas Hand ist: Wie groß ist die Gefahr, jemanden, ohne dass man es tut, zu töten? Ich rede von dieser gewissen Art still zu werden, wenn man sich in die Ecke gedrängt sieht. Ich rede vom Zulassen, eine Resonanz zulassen, eine Schwingung zulassen und am Ende ist jemand tot.

Inwieweit ist das Sterben anderer einfach so gewollt, bzw. inwieweit kann man diesem Sterben-Lassen anderer nicht entgehen? In Anlehnung an die Bhagavad Gita denke ich auch, dass folgende Frage Sinn macht: Ist es möglich, dass man jemanden tötet, ohne dass Gott ihn vorher schon getötet hat?

(Edgar im Sommer 2013)

Als eine Art von "Ego töten" kann ich mir so was vorstellen. Sehr sogar. Da geschieht mehr durch nicht-tun als durch tun. Und da ist Stille ein Vakuum, in dem ein solches "Ego" platzen kann. Also die sich getrennt-glaubende Individualität, Persönlichkeit. Jener Teil, der glaubt "einer von vielen zu sein". Das ist der Tod von jenem, der glaubt, geboren worden zu sein.

Aber physisch, also körperlich, glaube ich das eher nicht. Oder sagen wir: Es kann sein, dass es geschieht, klar. Aber dann ist es eben das, was geschieht, ohne dass jemand da ist, der es macht oder getan hätte. Ich sehe in dem Zusammenhang nicht wirklich Ursache und Wirkung. Sondern nur Geschehnisse.

Was ich nicht sehe, ist dabei diese Dreiteilung in "Täter", "Opfer" und "Gott". Sondern aus dualer, relativer Sicht hätten wir "Täter und Opfer", und das ist ein abgeschlossenes System auf menschlicher relativer Ebene. Da braucht es keinen "Dritten".

Und auf göttlicher absoluter Ebene haben wir nur "Gott", da gibt es keine zwei oder drei. Und somit auch keine Täter oder Opfer als individuelle Personen. Beide "Ebenen" sind letztlich gleichzeitig wahr. Und man kann dieses System innerhalb des relativen menschlichen Konzeptes betrachten (also zwei scheinbare Einzelpersonen), oder man betrachtet es aus der absoluten Sicht. Aber beide Sichtweisen zu mischen, macht da keinen Sinn. Denn das würde Gott zu einer dritten Person machen, die außerhalb oder jenseits der beiden anderen Personen wäre.

Dadurch führt sich dann die letzte Frage ad absurdum, da es diese Konstellation (Täter, Opfer und Gott) gar nicht gibt. Weder in der relativen, noch in der absoluten Sicht. Entweder hab ich zwei, oder ich hab einen, aber ich hab niemals drei.

Gott ist nichts außerhalb unseres Selbst. Gott ist sogar unser Selbst.

Lasse ich Gott außen vor, dann gibt es Täter und Opfer. Bringe ich Gott ins Spiel, gibt es nur Gott.

Aus göttlicher Sicht gibt es keinen, der etwas tun könnte oder nicht tun könnte. Weil es gar keine individuelle, abgetrennte Person gibt. Und auch keine Tat gibt. Und auch keinen Tod gibt. Sondern nur ein ewiges Werden und Vergehen von Erscheinungen. Innerhalb dessen, was man "Gott" nennen könnte. Gott ist dabei sowohl der Raum, in dem all dies geschieht, als auch die scheinbare Substanz, die innerhalb dieses Raumes erscheint. Er ist nicht nur Schöpfer, sondern auch Schöpfung selbst. Da gibt es nichts außerhalb von Gott.

Und letztlich ist Gott auch dieses Nichts, das davon träumt, Gott zu sein.

Und trotzdem, um bei deiner eigentlichen Frage zu bleiben: Stille ist der Raum, wo vieles endet. Zur Ruhe kommt. Auch das kann man Tod nennen, oder sterben - sich dieser Stille zu ergeben. Wellen wogen und in dieser Stille kommen sie zur Ruhe. Die Welle des "Ego", des individuellen Ichs, würde das sterben nennen, oder Tod.

Und manche Erscheinungen strahlen diese Stille aus. Davon fühlen sich dann manche Wellen angezogen, weil sie zur Ruhe kommen wollen. Und andere fühlen sich abgestoßen, weil sie lieber noch herumwellen möchten und Abenteuer erleben. Beides ist vollkommen okay. Und ja, im zur Ruhe kommen liegt ein Sterben, und ja, dieses Sterben macht der Welle sozusagen "Angst" und sie bäumt sich noch mal auf.

All das aber nur Geschichten aus dem ewigen Meer.
Alles, was geboren werden kann, was beginnen kann, wird auch immer wieder sterben, enden. Das ist normal. Es kommt aus dem Meer und kehrt dorthin zurück und war in Wirklichkeit nie getrennt davon.
Sondern nur eine Geschichte, mit Anfang und Ende.
Kann eine Welle eine Welle töten? Ja und nein.

--- ENDE ---

Dank

Edgar und Patrick bedanken sich…

…bei **Monika**, für die gesamte Begleitung des Projektes, für viele Stunden Korrekturarbeit und vieles, vieles mehr.

….bei **Amina**, **Daniela** und **Nicole** für die Korrekturarbeit und dafür, dass ihr es in eurem Leben mit uns aushaltet.

…bei **Olaf Zelewski**, für die gesamte Covergestaltung.

…bei **Arne Klaiber**, für die Zeichnung auf dem Buchrücken.

…bei **Nadja**, die Patricks Foto auf dem Cover gemacht hat.

Es heißt, auch die guten Leute brauchen gute Leute. Wir hatten sehr viel Glück, Euch alle mit an Bord zu haben. Danke.

Edgar und Patrick

Kontakt:

Edgar Hofer:
www.owk.eu

Patrick Aigner:
www.mondlichttraeger.de

OWK Edgar Hofer:

Erleuchtung
The real is illusion, the illusion is real
oder: Ausbruch aus der Matrix

ISBN-10: 3890943373
270 Seiten

OWK Edgar Hofer:

Kundalini
Das Erbe der Nath-Yogis

ISBN-10: 3890943969

OWK Edgar Hofer:

**Satsang mit OWK
Fragen und Antworten**

ISBN-10: 3890944825

OWK Edgar Hofer:

Kundalini-FAQ
Praxis-Fragen und Antworten zum Thema
Kundalini

ISBN-10: 3890944809

OWK Edgar Hofer

Von ko(s)mischen Orgasmen, indischen Kulten
und einer Reise in die Unendlichkeit

OWK Edgar Hofer:

**Tantrische Erleuchtung
Sex, Drugs & Meditation**

ISBN-10: 3839187605

Erleuchtung
Phänomen und Mythos

35 spirituelle Lehrer berichten sehr 'persönlich'
von ihrer Erfahrung, Vertiefung, Scheitern und Werden.

U.a. mit OWK, Veit Lindau, Torsten Brügge, Gaia,
Prajnaji, Aktu, Nabala, Padma S. Wolff, Martina
Gallmetzer, Rani, Saajid Zandolini, Romen Banerjee,
Yod, uva.

ISBN-10: 3000387498
692 Seiten

Patrick Aigner:

Kartschevco
…und Anderes aus der spirituell…
Taschenbuch: 84 Seiten

ISBN-10: 3848254409

Patrick Aigner:

Coburg
Café - Betrachtungen
Taschenbuch: 28 Seiten

ISBN-10: 3848257777

Patrick Aigner:

Mondlichtträger 1
Freisegeln
Taschenbuch: 80 Seiten

ISBN-10: 373223911X

Patrick Aigner:

Monster
Taschenbuch: 108 Seiten

ISBN-10: 3732241815

Patrick Aigner:

Spirituelles Erwachen durch Alkohol
Taschenbuch: 68 Seiten

ISBN-10: 3732245470

Patrick Aigner

Advaita Café

Weil es anderswo so anders ist...

Patrick Aigner:

Advaita-Café
Weil es anderswo so anders ist...
Taschenbuch: 88 Seiten

ISBN-10: 3735784380